카 카 오
에듀 TALK

# 카카오 에듀 TALK

초판 1쇄 인쇄 2016년 1월 15일
초판 1쇄 발행 2016년 1월 22일

글쓴이/ 변문경, 남윤나

기획/ 변문경
편집 총괄/ 박윤경
표지 디자인/ 이시은
인쇄·제본/ 영신사
종이/ 세종페이퍼

펴낸곳/ 다빈치books
등록일/ 2011년 10월 6일
주소/ 인천시 남동구 용천로 70 4층 2호
전화/ 010-9136-5042
팩스/ 032-425-2514
이메일/ ketosisi@naver.com
ⓒ 다빈치books 2016

ISBN 979-11-86742-11-2 92370
값 12,800

*잘못된 책은 바꾸어 드립니다.

# 카 카 오
## 에듀 TALK

변문경·남윤나 지음

다빈치 books

# 차례

# 프롤로그

오바마가 극찬한 한국의 교육, 그 중심에 있는 한국의 엄마들은 직업을 갖지 않아도 엄청난 직업을 가지고 산다. 아이들을 학원과 학교로 이끄는 베스트 드라이버, 집안에서는 요리사와 하우스 키퍼, 입시 연구가, 자녀 학습 컨설턴트, 책상에 앉아 있지 못하고, 뭐든 하기 싫어하고, 괴로워하는 아이들을 어르고 달래며 당근과 채찍을 주는 학습 전략가, 정서 안정을 위한 애완 동물 보호사 및 심리 상담사, 학급 담임과의 관계에서는 로비스트, 시댁에서는 천상여자, 친정에서는 원더우먼, 거기다 남편의 정신적 성장 및 정신 재활 전문가, 남편이 뒤늦게 찾은 진짜 엄마(?) 등 세기도 어려울 정도이다. 여기에 직장맘이라면 그녀의 삶에 대해 더 말할 것이 무엇이 있겠는가.

《멈추면 비로소 보이는 것들》이라는 책을 쓴 혜민스님처럼 "못해도 괜찮다. 안되도 괜찮다."라고 마음을 다스리기에는 엄마의 진짜 속마음은 "정말 안 괜찮다!"라고 말하고 싶다.

엄마로서 자식의 앞길에 도움이 되는 합리적인 고민과 선택을 할 준비가 되어 있다. 그리고 나는 방법만 알면 실천이 가능하다고 생각한다. 한국 엄마니까. 우리 엄마도 극성 엄마고 그 딸인 나도 극성 한국 엄마다.

그런데 현재 교육에는 그 해답을 찾지 못하는 질문들이 가득하다. 뭘 해도 공허하고, 뭔가 제대로 교육을 하고 있는 것인가, 제대로 답을 얻은 것인가 싶어서 혼란스럽다. 시중에 나온 온갖 자녀교육서와 자기계발서를 읽었고, 집안 곳곳에 다양한 책이 놓여 있다. 그런데 이제 어떤 책을 더 봐야 할까? 어디에서 내 궁금증에 대한 해답을 찾을 수 있을까?

문득 떠오른 엄마가 있었다. 그래서 무턱대고 질문을 던졌다. 카카오톡 대화를 통해서 난 교육의 방향성을 찾았고 생각하는 방법을 알고, 또 새로운 안목을 가지게 되었다. 이 책을 읽는 모든 독자들도 나의 깨달음과 새로운 안목을 공유하며 새로운 교육에 대한 방향성을 찾을 수 있을 것이다.

남윤나

첫 번째 톡.

# 우리는 왜 아이를 학원에 보내나?

즐겁게 몰입해서 공부할 방법은 없는가?

**송이맘**  교육 고민에 대한 해답을 얻고 싶으면 어떤 책을 찾아봐야 할까요?

**민준맘**  고민 있으세요?

**송이맘**  지금 아이를 학원에 보내고 있는데 잘 보내고 있는 건지 모르겠더라
고요. 학원에 보내도 효과가 없는 것도 있고, 매달 원비를 결제할 때
마다 제대로 잘 보내고 있는 것인지 의문이 많이 생기더라고요. 그
래서 계속 고민하게 돼요.

**민준맘**  학원이 효과가 없는 것도 있나요? 뭐든 배우면 머리에 남겠죠.

**송이맘**  내신 점수가 안 나와요. 그 놈의 점수!

**민준맘**  아! 그럼 내신을 확실히 준비해주는 곳으로 옮기세요.

**송이맘**  지금 아이가 다니는 곳이 우리 동네에서 내신 점수를 많이 올려주는
곳으로 소문난 학원이에요. 그래서 대안이 없어 더 멘붕이죠.

**민준맘**  그래요?

**송이맘** 그리고 더 혼란스러운 상황이 하나 있어요.

**민준맘** 또 뭔가요?

**송이맘** 요즘 대기업도 구조조정에 들어가고, 줄곧 모범생이었고 명문대를 다닌 제 사촌도 취업이 잘 안 된다더라고요. 그 아이가 취업이 안 된다는 말에 정말 멘붕이 왔어요. 그 아이를 본보기로 삼아서 제 아이도 공부를 시켜왔는데, 이제는 우리 아이 교육에 있어서 전과는 달라져야 하지 않을까 고민하게 되었어요. 그런데 막상 바꾸려고 보니 어디부터 시작해야 하는지 모르겠어요.

**민준맘** 그럼 책 한 권 추천해 드릴게요. 다중지능이론을 만든 하워드 가드너가 쓴 《인간은 어떻게 배우는가?》라는 책이에요. 현실적인 면에서 성공하고 이상적인 인간을 만드는 목적론을 잘 설명해 주고 있어요. 그 책 한 번 읽어 보시면 길이 좀 보이지 않을까 싶어요.

**송이맘** 감사합니다! 그런데 그런 어려운 책을 제가 이해할 수 있을까요?

**민준맘** 천천히 읽어 보세요.

**송이맘** 천천히요?

**민준맘** 왜요? 바쁜 일이라도 있으세요?

**송이맘** 바쁘다기보다는 하브루타 강의를 듣고 있거든요.

**민준맘** 엄마가 직접요? 하브루타? 이스라엘 교육법 말씀하시는 거죠?

**송이맘** 하브루타를 배워 보니 학습 방법이라고 할 수도 있고, 또 삶 전체에 적용되는 부분도 있다는 생각이 들어요. 스스로에게 끊임없이 질문하면서 내가 알고 싶어 하는 부분을 찾아가죠. 제가 디베이트 (debate, 토론)를 가르치는데, 그러다 보니 자연스럽게 저도 공부하게 되었어요.

**민준맘**  그럼 하브루타는 생활 전반에 적용할 수 있는 생각의 깊이를 더하는 방식인가요?

**송이맘**  네!

**민준맘**  전에 메타인지와 관련된 책을 읽은 적이 있는데, 말씀을 듣고 보니 그것도 결국 메타인지[1]와 관련이 있는 듯하네요.

**송이맘**  제가 보기에 하브루타는 메타인지를 높이는 데 많은 영향을 주는 것 같아요.

**민준맘**  메타인지를 높이기 위해서 토론, 자기조절 학습 등을 강조하는데, 메타인지 능력이 높을수록 합리적인 판단 능력을 가지고 의사결정을 한다고 보는 거죠. 국가에서는 메타인지를 높이는 방법으로 수학교육을 강조하는 것 같아요.

**송이맘**  그렇군요. 그럼 하브루타 방식도 수학에 도움이 되겠네요.

**민준맘**  사고력을 계발하겠죠. 사람마다 다르겠지만요. 수학에도 도움은 될 듯해요.

**송이맘**  하브루타 강의에 따르면, 문장 하나를 가지고 아무 자료도 없는 상태에서 질문을 만들어요. 그러고 나서 답을 찾아가죠.

**민준맘**  질문은 어떤 형태인가요?

**송이맘**  예를 들어, '한 학기 선행학습은 도움 돼'라는 기사를 읽었다면 우선 선행학습은 무엇인가, 학습이라는 것은 무엇인가, 도움은 어떤 것을

---

1  메타인지 : 한 단계 고차원을 의미하는 '메타'와 어떤 사실을 안다는 '인지'라는 두 언어의 합성어로 나 자신이 무엇을 알고 무엇을 모르는지 그 자체를 아는 능력이라고 할 수 있다.

**민준맘**  저는 학습자 중심 교육에서 결국 자기주도적인 학습자로 성장하는 과정을 통해 교육의 중요성을 느끼게 될 거라고 생각하는데, 사실 답은 없어요. 개인적인 가치관과 재능, 특성이 다 다르니까요.

**송이맘**  그렇죠. 책을 많이 읽고 좋아하면서도 질문하면서 책 읽는 경험을 한 것은 처음인데, 책을 읽으면서 더 깊이 있는 내용을 알 수 있게 되었어요. 하지만 책을 쓴 사람의 생각에 무조건 동의하는 것이 아니라, 분석하면서 나름의 생각과 가치관을 적립할 수 있다는 생각이 들어요.

**민준맘**  머리가 아플 정도로 장시간 머리를 쓰지만, 인내나 극기가 아닌 방식으로, 필요하고 궁금한 마음에 즐겁게 몰입하면 수학이 아닐지라도 메타인지가 올라가요.

**송이맘**  맞아요. 그런 듯해요.

**민준맘**  즐겁게 몰입하면요. 하하.

**송이맘**  즐겁게! 대화를 하다 보니 정말 즐거운데요?

**민준맘**  저도 즐거워요. 또 이야기를 나누다 보니 느끼는 바도 많고요. 교육학을 공부하면서 이렇게 배운 것을 다시 생각하고 적용해 본 적이 별로 없었던 것 같아요.

**송이맘**  그렇네요.

**민준맘**  토론을 통해 즐겁게 생각을 하게 되었어요.

**송이맘**  그럼 우리 아이들도 공부에 즐겁게 몰입할 수 있는 방법은 없을까요? 교육학을 공부하시니 잘 아시지 않아요?

**민준맘**  교육학을 공부한다고 다 아나요? 저도 아이들을 키우면서 상황에 적용해 보는 거죠!

**송이맘**   즐겁게 몰입하는 방법! 혼자만 알지 말고 설명 좀 해주세요.

**민준맘**   좀 긴 이야기가 될 것 같은데요. 그리고 방법을 알아도 환경과 주변 사람들이 즐겁게 몰입하도록 놔 두지 않을 걸요.

**송이맘**   그래도 저 같은 엄마는 뭘 알아야 아이들에게 적용해 보죠! 알려 주세요.

## 송이맘의 생각

나는 교육이 잘못 흘러가고 있다고 생각한다. 그래서 서점에만 가면 '트랜드', '혁명'이라는 제목이 달려 있는 책을 자꾸만 집어들게 된다. 《학교혁명》을 보면서 교육에 대한 모든 궁금증이 시작되었다. 책을 읽다가 교육의 목적이 무엇이며, 책을 쓴 저자 외에 다른 학자들은 이것을 어떻게 정의하고 있는지 궁금해지기 시작했다. 사실 《학교혁명》이라는 책은 잘 읽히는 책은 아닌 것 같다. 게다가 우리나라에서 '학교혁명'을 기대하다가는 우리 아이들이 다 커버리고 말 것이다. 교육이 생겨나게 된 배경 그리고 지금의 교육의 모습을 알게 되면서 나의 고민이 어쩌면 당연하다는 생각이 들었다.

이 문제가 해결되어서 우리 아이들이 행복하게 학교를 다니고 공부를 했으면 좋겠다는 생각을 하게 되었다. 그중에서 인지주의자들은 '메타인지능력이 높을수록 합리적인 판단 능력을 가지고 의사결정을 한다.'라고 주장한다고 한다. 그렇다면 메타인지능력이라는 것이 무엇이며 그것을 어떻게 키워야 하는지가 궁금해진다. 또한 국가적으로 메타인지를 높이기 위해 수학 교육을 강화한다고 하는데, 그것이 실제적으로 우리 아이들의 메타인지능력을 높이는 데 어떤 도움을 주는지 궁금하다. 하지만 현실은 너무나도 암울하다. 교육이라는 단어는 가르칠 교(敎)에 기를 육(育)이라는 한자를 쓰는데, 대체 가르친다는 것은 무엇이고 기른다는 것은 무엇일까? 계속해서 답을 찾아서 민준맘에게 다시 질문을 퍼 부으리라!

두 번째 톡.

# 아이의 학원 선택, 잘한 것일까?

재능과 적성을 토대로 좋아하는 것을 잘 하게 해주는 학원은 없나?

**송이맘** 말씀해주신 다큐 프로그램 〈학교란 무엇인가〉를 봤는데 마음이 너무 아팠어요. 그리고 나레이션으로 계속 나오는 멘트인 '숨을 쉬다'의 의미, 아이들이 학교를 숨이 막히는 곳이라고 표현하는 것의 의미, 기다림의 의미를 많이 생각해 보게 되더라고요.

**민준맘** 언젠가 우리나라도 미국처럼 홈스쿨링의 학제를 인정해서 졸업장을 줄지도 몰라요. 참, 서울교육청에서 운영하는 오디세이 학교라는 곳에 대해 들어보셨어요? 2015년에 40명 정도를 뽑아서, 자유롭게 자신에게 맞는 커리큘럼을 짜서 학습하는 제도를 운영하고 있대요.

**송이맘** 진짜요? 우리나라에 그런 학교가 있어요?

**민준맘** 오디세이 학교의 사이트를 살펴보세요. [2] 요즘에는 인터넷에 관련

---

2   오디세이 학교 : 서울시교육청에서 운영하는 고교 자유학년제 실시 교육기관이다. 일반 학교 교육과정과 달리 창의적이고 자율적으로 진행된다. http://blog.naver.com/sen_odyssey

18

검색어를 쳐서 검색하면 다양한 정보를 찾을 수 있어서 남에게 물어 볼 필요도 없어요.

**송이맘**  '우리나라 홈스쿨링'으로 검색했는데 안 나오던데요?

**민준맘**  검색 키워드를 '자유학년제' 같은 것으로 해서 검색해야 해요.

**송이맘**  역시 이것도 알아야 찾을 수 있는 것이군요. 이런 것들을 알지 못하니 찾을 수 있었겠어요?

**민준맘**  아니면 포털 사이트에 '자유학점으로 졸업을 인정해주는 고등학교도 있나요?' 이렇게 질문을 남겨서 답을 찾을 수도 있어요. 이 기회를 통해 오디세이 학교를 찾게 되었네요.

**송이맘**  와! 이렇게 개인 맞춤 방향으로 흘러가는 흐름도 있네요. 그런데 홈스쿨링은 학부모의 교육철학이 뚜렷해야 성공 확률이 높아질 수 있어서 학부모 교육이 더욱 필요할 것 같아요.

**민준맘**  12년 전에 홈스쿨링을 하는 엄마들만 따라다니며 인터뷰를 진행한 적이 있었어요. 당시에 미국은 홈스쿨링 붐이 일어났었죠. 그런데 우리나라 스타일에는 잘 맞지 않는지 우리나라에서는 여전히 홈스쿨링이 제대로 활성화되지 못하고 있어요. 그에 반해 미국은 홈스쿨러가 많대요.

**송이맘**  그랬군요. 그런데 홈스쿨링은 문제점이 꽤 있을 것도 같은데, 어떤가요?

**민준맘**  각자 가치관에 따라서 다르긴 하죠. 우리나라에서는 어떤 교육이든 결과적으로 좋은 대학에 진학했을 때 성공했다고 보잖아요.

**송이맘**  그렇죠.

**민준맘**  전에 비교 내신을 없애면서 특목고, 과학고 학생들이 대거 자퇴해서 홈스쿨러를 자처했었어요. 그래서 학원을 다니고 검정고시를 봐서 서울대 의대에 들어간 적도 있었죠.

**송이맘**  서울대 의대요? 홈스쿨링을 해서 갔다고요?

**민준맘**  송이맘, 진정하세요. 어느 상황이든 부모의 역할이 큰 것 같아요.

**송이맘**  저는 그 정도 능력은 안되니 걱정이에요. 제가 부족해서 영어 공부는 직접 해주지 못하는데, 영어 학원을 옮겨야 하나 싶어요. 혹시 좋은 데 아세요?

**민준맘**  동네가 다르잖아요. 송이맘네 동네에 어떤 곳이 있는지 잘 모르겠네요. 그냥 송이네 학교 근처에서 내신을 제일 잘 봐주는 학원을 다니는 것이 낫지 않을까요? 앞으로 영어가 자격고사제로 바뀐다는데 너무 신경 쓰지 마세요. 절대평가니까요. 조금만 신경 쓰셔도 돼요. 내신만 살살, 주요 과목의 점수만 잘 받게 관리하고 나머지는 수행이 많으니 크게 신경 안 쓰셔도 될 거예요.

**송이맘**  그런데 그게 잘 안 나와서 이번에 학원을 옮기려는 거예요.

**민준맘**  우리 아이가 다니는 중학교의 학생들은 A, B, C학원, 이렇게 세 곳을 나눠서 다니고, 내신 점수가 잘 안 나오면 이리저리 우루루 몰려서 이동하더라고요. 결과를 보고 혹 빠졌다, 혹 들어갔다 그러는 것 같아요. 공부 안하는 아이들을 공부시키는 게 세상에서 가장 어려운 일이 아닐까요?

**송이맘**  엄마들의 쏠림 현상이죠. 성적이 안 나온다고 안 보낼 수도 없고 말이에요. 참, 고민이에요. 적절하게 넣고 빼는 것을 잘해야 하는데요.

**민준맘** 그런데 그것도 문제죠. 학원만 이리저리 들락날락한다고 해서 뭐 남는 게 있나 모르겠어요. 학원마다 교재도 다르고 새로운 학원으로 가게 되면 또 적응해야 하잖아요. 그래서 이리저리 다니느니 저는 개인적으로 온라인 EBS 강좌를 듣는 것이 어떨까 싶어요. 무료 강의도 많아요. 요즘에는 유튜브에도 무료강의를 올려놓는 사람들이 많더라고요.

**송이맘** 그게 쉽지 않으니 그렇죠. 집에 있으면 아이와 싸우기만 해요. 민준이는 내신 공부는 알아서 잘 하니 걱정이 안 되시겠지만요. 저는 싸우느니 학원에서 알아서 해 주기를 바라는 거죠.

**민준맘** 요즘 엄마들은 대개 학원을 소비자로서 서비스를 받는 곳이라고만 여기나요?

**송이맘** 민준맘은 민준이가 어려워 하는 수학 문제나 과학 문제를 도와주기도 한다고 했죠? 그러니 당연히 학원이 따로 필요 없을 수 있죠.

**민준맘** 아니에요. 이제는 물어보지도 않거니와 저도 민준이가 어렸을 때는 창의력, 교구, 음악, 미술 관련된 기관 수업을 많이 받았어요. 영어유치원에 보내보기도 했고요.

**송이맘** 민준이가 음악학원도 다녔어요? 피아노는 어디까지 쳤어요?

**민준맘** 체르니 그런 것은 안쳤어요. 그냥 오르프 악기(Orff, 주로 타악기로 아이들이 다루기에 적합한 크기를 가지고 있다.)를 다루는 곳을 2년 다녔어요. 다양한 음악을 감상하고, 느끼고, 즐기는 그런 곳이요.

**송이맘** 중학교 내신이 불안하지 않았어요?

**민준맘** 저는 예체능은 감성을 키우는 데 꼭 필요하다고 생각했어요. 그런데 제가 어릴 적에 엄마 때문에 초등 6학년 때까지 반강제로 피아노 학원을 다녀서 그게 너무 싫었어요.

**송이맘**　어머님이 열성엄마셨구나. 그래서 민준맘이 공부를 열심히 해서 좋은 학교에 다닐 수 있었던 거예요. 그리고 피아노 연주도 가능하지 않아요?

**민준맘**　제가 잘 하는 건지는 잘 모르겠어요. 남 보는 데서 연주해 본 적이 한 번도 없어서요.

**송이맘**　그래도 다양한 음악을 감상하는 데 도움이 되지 않나요?

**민준맘**　전혀 연결이 안 되네요.

**송이맘**　친정어머님이 그 말씀을 들으시면, 서운해 하시겠는데요?

**민준맘**　엄마는 성당에서 반주하는 제 모습을 보고 싶다고 하셨는데, 저는 정작 어릴 때 성가대에서 소프라노 파트를 맡았어요.

**송이맘**　그래도 피아노를 쳐서 악보는 볼 줄 아시니 음악 공부도 어렵지 않게 하셨을 거잖아요.

**민준맘**　예나 지금이나 학교에서 안 가르쳐 준 것을 시험에 내지는 않아요. 그럼 큰일납니다. 하하. 그런데 피아노 학원을 다닐 때 가사를 지어서 노래 부르며 피아노를 쳐서 선생님께 별나다는 소리를 많이 들었어요. 선생님께서 저희 엄마에게 저 잘 한다고, 꼼꼼히 짚고 가느라 진도는 느리지만, 음악적 감각이 있다고 말씀해 주셨더라고요. 참, 저 어릴 때 윤상의 〈이별의 그늘〉이라는 곡을 들었는데, 바이올린 연주가 간주로 나와요. 그것을 해 보고 싶어서 두 달 동안 바이올린을 배우기도 했어요.

**송이맘**   아, 저도 생각나요. 그 노래! 바이올린 간주도요. 그런데 두 달요?

**민준맘**   네, 두 달을 열심히 연습해서 그 곡을 연주할 수 있게 되었어요. 그런데 중학교에 가면서 시간적 여유가 없어서 바이올린을 그만뒀어요.

**송이맘**   피아노 학원에서 악보 보는 법을 배워서 바이올린도 빨리 배운 게 아닐까요?

**민준맘**   첫 음을 잡고 소리를 들어가며 연습하니 되던데요? 바이올린이 몸에 익숙하지 않아서 악보를 볼 여유까지는 없었고, 소리를 듣고 연주했어요. 그 가요를 많이 들어서 머릿속에 멜로디를 기억하고 있으니 악보를 보는 것보다 더 빨리 연주하게 되더라고요.

**송이맘**   네? 그럼 피아노는 도움이 안되었다는 건가요? 피아노 학원에 가져다 준 돈과 시간이 아깝네요.

**민준맘**   100% 도움이 안된 것은 아니겠죠. 그런데 알고 보니 저희 엄마가 피아노 학원에 다니고 싶으셨다고 하시더라고요. 저는 그때는 너무 동기부여가 안 되었어요. 지금도 저는 즐겁거나 동기부여가 된 상태에서만 학습이 일어난다고 봐요. 그 반대의 경우에는 효율이 엄청 낮죠.

**송이맘**   엄마로써 절망적인데요? 옷 안사고, 파마도 싼 것으로 하고, 화장품도 싼 것을 쓰면서, 점점 저를 희생하면서 자식을 위해 학원비를 내는 건데 말이에요. 아빠 옷은 한 해 더 입으라고 해도, 아이들 캠프는 보내줘요. 민준맘의 피아노 학원 이야기를 들으니, 갑자기 억울해지는데요. 우리 아이들도 그러는 것 아닌가 몰라요.

**민준맘**   진정하세요. 내신 학원은 내신 점수를 높이기 위해 보내는 것이 맞아요. 그런데 만일 아이가 가기 싫다고 해도 억지로 학원을 보내는 엄마의 심리는 뭘까요?

**송이맘**  자식이 잘 되기를 바라는 마음, 지금은 싫어도 나중에는 도움이 될 것이라는 마음이죠. 너를 성공적인 사회인이 되도록 돕기 위해 내가 해 준 것, 바로 그것이죠. 말하자면 엄마들의 위안이에요.

당장 통장에 잔고가 부족해도, 카드를 학원 데스크로 우아하게 던지는 것이죠. 그리고 엄마 입장에서는 투자를 하고 그만큼 효과를 얻기를 바라지 않을까요? 투자했는데 효과가 없으면 학원과 자식에게 배신감이 들잖아요. 그런데 학원은 안다니면 그만인데, 내 자식은 버릴 수도 없으니 또 희망을 가지고 다른 곳에라도 보내보는 거죠. 학원에 투자하는 이유가 뭐예요? 점수죠. 좋은 점수, 좋은 성적!

**민준맘**  그런데 온라인 강의도 있고, 또 사실 학원을 꼭 다녀야 공부를 하는 것도 아닌데요. 아무래도 엄마 입장에서는 학원에 보내 놓으면 관리를 해준다고 생각하고, 뭔가 그 시간에는 집중해서 배우니 좋다고 생각하겠죠. 그게 학원이 존재하는 이유이기도 하고요.

**송이맘**  그런데 민준맘의 이야기를 듣고 보니 좀 헷갈려요. 그럼 좋은 성적이 안나오면 학원을 보내지 말아야 하는 건가요? 효율도 낮고 아이들도 싫어하니까요? 그럼 공부를 안하려는 아이들은 그냥 두나요? 그러다가 바보가 되면 어쩌죠?

**민준맘**  학교에서도 배우지 않는 게 아니잖아요.

**송이맘**  스스로 복습도 하고 시험공부도 해야 하는데 안하니 문제요.

**민준맘**  우리도 그렇게 했었나요? 저는 시험 때마다 벼락치기로 공부했어요.

**송이맘**  물론 그랬지만, 우리 아이들은 그러지 않기를 바라는 거죠. 요즘 학원 안다니는 아이들이 어디 있어요? 다들 좀 먹고 살 만하면 자기 자식을 잘 가르쳐 보려고 하잖아요.

**민준맘** 꼭 공부만 강요하고, 내신 점수를 잘 받아야 성공한다고 획일적으로 가르치는 건 아닐까요?

**송이맘** 민준맘은 공부도 알아서 잘 했을 것 같아요. 그래서 그렇게 생각하는 거예요. 저는 공부를 싫어하지는 않았지만, 그렇다고 썩 잘 하는 편도 아니었어요. 그래서 우리 아이들은 공부를 잘했으면 하는 생각이 있어요.

**민준맘** 지금은 디베이트 수업과 하브루타 수업 같은 것들을 열심히 듣고 계시잖아요.

**송이맘** 그건 제가 좋아하는 거니까 그렇죠.

**민준맘** 그것 보세요. 좋아하니까 열심히 하고 잘하잖아요.

**송이맘** 어떻게 사람이 좋아하는 것만 하고 살아요. 그리고 어느 정도 기본적인 성적이 되어야 좋은 대학을 가죠.

**민준맘** 이제는 좋아하는 것만 잘 해도 대학 가는 방법은 다 있어요. 이제 중학교는 자유학기제도를 시작한다잖아요. 자기의 재능과 적성을 토대로 좋아하는 것을 잘 하게 해주는 학원은 없을까요? 결국 그런 학원도 생기게 될 것 같아요.

**송이맘** 좋아하고 잘하는 것만 해서 대학가는 경우를 본 적이 없네요. 그런 아이는 정말 극소수겠죠.

**민준맘** 점점 그런 전형이 늘어나는 추세예요. 입학사정관제는 꿈이 확실하고 연관된 재능과 입증자료가 있으면 유리한 전형이죠.

송이맘  입증자료가 하나에 얼마인 줄 아세요?

민준맘  본인이 썼는지, 대리로 썼는지 교수님들이나 입학사정관이 귀신같
      이 안다니 너무 걱정하지 마세요.

송이맘  그럼 컨설팅이라도 해주세요. 그런 대학교가 어디 있는지 말이에요.

민준맘  송이맘이 송이에게 적합한 학교를 스스로 찾아 봐야죠.

송이맘  점점 더 어려워지네요. 저도 민준맘처럼 교육에 도통하면 좋겠어요.
      저는 그런 능력이 안 됩니다.

민준맘  도통하다뇨. 저는 제가 어릴 때 좋았던 기억, 싫었던 기억이 뚜렷해
      서 제 아이들도 그럴 거라고 생각하는 거죠. 제가 싫은데 아이들은
      좋겠어요? 오히려 저는 제 일에 바쁘고, 송이맘은 아이들에게 열정적
      이니 분명 잘 하실 거예요. 스스로 좋은 방법을 찾을 수 있을 거예요.

송이맘  민준맘은 절망과 희망을 동시에 주시네요. 열정 이야기가 나와서 말
      인데, 저도 그렇지만 학원을 엄마가 다니는지 아이가 다니는지 헷갈
      릴 때가 있어요. 제 주변에는 중독처럼 학원에서 상담을 계속 받으
      려고 하는 엄마들이 많아요. 저도 그럴 때가 있기도 하고요.

민준맘  학원에 궁금한 게 많으신 모양이에요.

송이맘  매일 똑같은 대답을 듣는 건 아닐까요?

민준맘  매일 할 말이 있을까요? 수업 내용을 점검하는 게 아닐까요?

송이맘  저도 그렇고, 그 엄마도 수업 내용에 대해서는 구체적으로 잘 모르
      는 것 같아요. 우선 돈을 내니까 투자라고 생각하고 믿고 보내는 거
      죠. 저와 친한 엄마네 아이는 솔직히 제가 볼 때는 별로 잘하는 것 같
      지 않고, 학교에서도 성적이 보통 수준이에요. 그런데 그 학원 원장

이 엄청 칭찬하고부터는 그 학원에 출석도장을 찍듯이 가서 살아요.

**민준맘**   혹시 그 엄마는 그 전에도 다른 학원에서 살지 않았어요?

**송이맘**   맞아요. 다른 학원에서 살다시피 하다가 그 학원이 별로라고, 뭐라 하더니 지금 학원으로 옮겼어요. 하긴 엄마들이 그러는 거 흔하죠.

**민준맘**   그 엄마는 학원에서 뭘 발견했고, 뭘 찾으려고 하는 걸까요? 자기 아이의 존재? 아님 현실에 대한 회피? 내 아이에 대한 희망? 다양한 이유가 있겠네요. 결국 학교에서든 학원에서든 아이의 학습동기가 중요하지 않을까요? 학원도 인지능력이 어느 정도 갖춰진 아이가 좀 더 공부하려고 해야 효과가 있을 테니까요.

그 학교에서 부족한 공부가 학원을 통해서 채워지면 좋겠네요. 그리고 사람은 누구나 더 발전하려고 하는 의지가 있대요. 그건 아주 기본적인 욕구죠. 그래서 다들 학원을 더 발전하려는 목적으로 다니는 게 아닐까요?

**송이맘**   그래도 아까 말씀하셨듯이 학원을 다녀서 효과를 보는 아이가 있고, 학원 다니는 것을 싫어하는 아이도 많잖아요. 우리 송이도 아주 간신히 다녀요. 다니면서 뭘 배우는지 몰라요.

**민준맘**   그럼 효과가 별로 없겠네요.

**송이맘**   그래도 그거라도 다니니 지금 성적이 나오는 거겠죠.

**민준맘**   안 다닐 때보다 나은가요?

**송이맘**   학원을 안다닌 적이 없어서 그건 모르겠어요.

**민준맘**   그럼 보내지 말아 보세요.

**송이맘**   아뇨, 아뇨. 불안하고 생각만 해도 암담해요. 정말 아이의 바닥을 보게 될까봐 무섭기도 하고요. 아직은 마음의 준비가 안되었어요.

**민준맘** 다들 불안감에 보내는 거군요. 결국 학원은 아이가 더 배우고 싶어 하는 경우와 엄마가 불안해서 보내는 경우 외에 또 어떤 경우가 있 나요?

**송이맘** 남들이 다 보내니까 나도 보내는 경우도 많아요.

**민준맘** 그 경우도 불안감에 보내는 것이네요. 학습이라는 것이 엄마의 노력 과 소망만큼 효과를 보면 좋겠지만, 학교든 학원이든 잘하는 아이들 은 정해져 있는 것 같아요. 저는 학습에 대한 동기부여가 먼저 이루 어져야 한다고 생각해요.

**송이맘** 그게 쉽나요? 근데 그건 맞는 말이네요.

**민준맘** 동기부여가 쉽지는 않죠.

**송이맘** 그러니까요. 그런데 동기부여는 어떻게 하면 되나요? 교육학에서는 어떻게 보나요?

**민준맘** 교육학에서는 목표 의식을 심어주거나, 좋아하는 것부터 시작하게 하는 방법 등으로 접근하게 해요.

**송이맘** 우리 송이는 하고 싶은 것도 없대요. 목표 의식이 없어요.

**민준맘** 좋아하는 것은 없나요?

**송이맘** 그런 것이라도 있으면 좋겠네요. 우리 옆집 아이는 빵 만드는 것을 좋아해서 그 아이의 엄마가 노력하다 정 안되면 빵집이라도 차려 준 다고 하더라고요.

**민준맘** 송이도 분명히 좋아하는 게 있을 거에요.

**송이맘** 저한테는 말도 잘 안하는데, 알아보는 것도 쉽지 않겠네요.

**민준맘**   요즘에 하고 싶다고 했던 것이 없나요?

**송이맘**   가만, 그러고 보니 스키를 타보고 싶다고 했어요. 그래서 아빠가 스키장을 알아보고 있어요. 겨울 방학 때 며칠 가보자고요. 그렇다고 스키를 배우게 할 수는 없어요. 그럴 여유가 안 돼요. 아이도 셋이고요.

**민준맘**   뭐든 자발적으로 시작하면 그게 어떤 계기가 될 수 있으니 아이의 이야기를 들어보고 그대로 따라가 보세요.

**송이맘**   그럼 스키장에 가서 슬쩍 물어볼까 봐요. 뭘 하고 싶은지를요.

**민준맘**   그냥 스키를 즐겁게 타고 오세요. 송이가 이번처럼 스스로 이야기할 때까지 좀 기다려 보세요.

**송이맘**   자식이 아니라 상전이네요. 무슨 영화를 보겠다고……

**민준맘**   송이 본인이 낳아달라고 한 건 아니잖아요. 송이맘이 원해서 낳으신 거니 뭘 기대하지 않는 게 정신 건강에 좋아요. 아이가 건강하게 잘 자라는 것에 만족하다가 송이 스스로 하나씩 발전하고, 새로운 모습을 발견하면 기뻐하고, 그래 보세요.

**송이맘**   도통하셨네, 도통하셨어. 우리 송이는 중학교 1학년이에요. 아시잖아요.

**민준맘**   내년에 중2 되잖아요. 중2병이라도 세게 오면 어떻게 하시려고요?

**송이맘**   우린 작년부터 중2병이에요. 더 세게 오면 안 볼랍니다.

## 송이맘의 생각

민준맘과의 대화를 통해 내가 송이를 왜 학원에 보내려고 하는지 다시 한 번 생각해 보게 되었다. 나는 아이가 더 발전하고, 지금보다 더 성적이 향상되기 위해서 학원을 보낸다고 생각했는데, 이야기를 나누다 보니 나의 불안감 때문이었다는 사실을 알게 되었다. 사실 ○○엄마가 보낸다고 해서 따라서 보낸 건데, 나는 왜 따라 했던 것일까? 다른 아이들이 다 학원을 다니고 있는데, 그것이 송이와 맞지 않는다면 나는 과감하게 그만 둘 용기가 있을까?

송이와 나는 학원을 선택할 때, 또 학원을 바꿀 때 매번 보이지 않는 신경전을 해야 했다. 심지어, 성적이 제대로 나오지 않으면 학원 원장님께 묘한 배신감을 느끼고, 과감히 학원을 정리했다. 실제로 학원에 다닐 때 남들이 다니는 곳보다는 우리 아이에게 필요한 곳을 선택했어야 했고, 다니는 중에는 숙제를 했는지 안 했는지, 내용은 잘 따라가고 있는지를 내가 먼저 체크했어야 했는데 학원 탓만 했다. 하지만 한편으로는 '학원에 보냈으면 알아서 잘 관리해 줘야지. 그러려고 학원에 보내는 것 아닌가.' 하는 생각을 하기도 한다. 또 한편으로는 '언제까지 자식을 위해 나를 버리고 희생해야 하는지. 내가 지금 잘하고 있는지.' 하는 고민도 한다.

송이 마음속에 동기가 생기면 스스로 학습할 수 있는 힘이 생길까? 그러면 그 마음속에 동기는 어떻게 키워줄 수 있는 거지? 민준맘은 좋아하는 것을 하라고 두루뭉실하게 말했다. 예전에는 좋아하는 게 있었던 것 같은데, 지금은 그것조차도 모르겠다.

그런데 대화를 나눌수록 민준맘은 내 속을 훤히 들여다보고 있는 것 같다. 기분도 나쁘고 자존심도 상한다. 나한테 물어보는 것인데도 왠지 답을 아는 것 같다. 어디서 그런 여유가 나오지? 민준맘은 교육학을 공부하면서 도통했나? 나도 내년에 대학원이라도 들어가야 할까? 민준맘은 답을 알고 있는 것 같은데 속시원하게 말을 안 한다. 단도직입적으로 답을 달라고 말해볼까?

세 번째 톡.

# 학습 동기는 어떻게 형성되는가?

성공한 엄마들은 자식의 재능을 어떻게 발견하고, 발전시키는가?

**송이맘**  민준맘! 절박하면 동기가 생기나요?

**민준맘**  네! 갑자기 왜요?

**송이맘**  다큐를 보니 아이들이 결국 절박한 상황이 동기를 만들더라고요.

**민준맘**  네. 그런데 동기를 만드는 아이가 있는 반면 자포자기하는 아이도 있어요. 그 차이가 뭘까요?

**송이맘**  음, 일단 본인이 문제를 인식하는 방법 같아요. 부정적, 긍정적 성향이 원인일 것도 같고요. 유아 시절에 양육자의 영향이 있을 수도 있고요.

**민준맘**  그렇겠네요.

**송이맘**  이것 또한 개인적인 문제가 되겠네요.

**민준맘**  개인이 자신의 한계나 문제 상황을 이겨내려는 의지를 갖도록 하는 것이 제일 중요하죠. 그것은 결국 어린 시절의 긍정적인 양육 경험,

엄마든 아빠든 할머니든 자신과 애착관계가 형성된 사람과의 사회적 지지[3]와 관련되어 있어요.

**송이맘** 사회적 지지요? 단어가 어렵네요.

**민준맘** 내 편이 되어 주고, 기댈 수 있고, 마음의 위안이 되는 정서적 후원자로 생각하시면 쉬울 것 같아요. 아이들은 커가면서 청소년기 이후로는 슬슬 사회적, 정서적인 지지자보다는 이미 형성된 본인 스스로의 동기부여와 의지로 계속해서 문제 상황을 해결하고 또 그 안에서 성취감을 얻으며, 자기 효능감, 유능감, 자신감을 얻어서 새로운 문제에 도전하는 의지가 생기게 돼요. 물론 개인차가 있겠지만요.

**송이맘** 어릴 때는 나를 인정해 주고, 사랑하는 엄마를 기쁘게 해주기 위해서 공부하기도 하고 책도 읽고, 또 엄마가 선물을 사주기로 약속해서 공부하고 그러다가 결국 성장하면서 본인 스스로 동기부여를 하고, 정신적으로 성숙해서 독립하게 되는 것이네요.

**민준맘** 대략 그렇게 이해하시면 무리 없어요.

**송이맘** 그런데 크면 다들 정신적으로 성숙하나요? 나이를 먹으면? 나이가 꼭 정신적 성숙도와 일치하는 것 같지는 않은데요.

**민준맘** 스스로 문제를 해결하는 과정에서 자신감과 유능감을 가지게 되면, 정신적으로도 성숙하고 자존감도 갖게 되죠. 자기 인생의 주인공이 되는 거예요. 이렇게 정신적으로 독립하고 알아서 하는 아이들은 커서도 많은 부분에서 자신의 결정권을 가지고 살아가기 때문에, 삶이

---

3 사회적 지지 : 한 개인이 타인으로부터 받는 여러 물질적 및 정서적 지지(Emotional support)를 말한다.

활기차고 발전적으로 성장해요.

**송이맘** 좋은 학교를 가고, 또 알아서 제 갈 길을 찾아 가고, 공부도 잘하는 아이들의 엄마들이 하는 이야기네요. 그런 엄마들은 아이가 알아서 다 했다고 말하잖아요. 다들 방법을 안가르쳐 주려고 일부러 거짓말하는 것인 줄 알아요.

**민준맘** 어느 정도는 사실이에요. 그런데 부모가 잔디깎이 역할을 하게 되면 아이들은 스스로 문제 상황을 해결하고 또 그 안에서 성취감을 얻으며 자기효능감, 유능감, 자신감을 얻는 과정이 인생에서 없어지게 돼요. 혹은 그런 문제 상황을 만나본 적이 없어서 자기가 문제가 있는지, 문제 해결력이 있는지의 여부 자체를 모르는 인간이 될 수 있죠. 그렇게 자란 아이가 어른이 되어 어느날 갑자기 자기가 해결하기 어렵다고 생각되는 문제를 만나면 자포자기 상태에 빠지거나, 혹은 인생을 극단적으로 마감하는 일이 생기는 거예요. 제 생각은 이래요.

**송이맘** 듣고 보니 그렇네요.

**민준맘** 또 다른 이유는 없을까요?

**송이맘** 인생에 있어서 자기 생각에 영향을 미치는 누군가를 만나는 것이 중요한 듯해요.

**민준맘** 맞아요. 중요한 부분이에요.

**송이맘** 유아 때 양육자로부터 지지를 받지 못해서 어그러지게 컸다고 하더라도, 10세 이후에라도 자신을 믿어주고 지지해주는 누군가에 의해서 문제를 똑바로 바라볼 수 있는 시각을 갖게 될 수 있죠.

**민준맘** 네. 그런데 아쉬운 점은 자신에게 긍정적인 영향을 줄 수 있는 사람을 만나는 것은 정말 행운이 따라야 가능한 일이라는 점이에요.

**송이맘** 그렇네요. 그 역할을 부모가 해주면 좋을 텐데요.

**민준맘** 한 사람이 어느 시점에서 적절하게 창의적인 산출을 해서 그것을 제대로 인정받고, 사회적으로 성공하는 것은 개인적인 능력보다는 시기적인 적절성이 맞아 떨어져야 하고, 그것을 인정해주고 촉진해주는 지도자를 만나야 가능하다고 생각해요. 결국 시의적절성이 개인의 능력보다 더 중요하죠. 그것이 성공을 이야기할 때 노력과 함께 운명이나 운도 무시하지 못하는 것이라고 말하는 이유예요.

**송이맘** 운이 30% 이상이라고 생각해요. 공감합니다!

**민준맘** 그런데 그러한 운을 탓하지 않는 방법은 자기만족을 위해 공감하고 공부하고, 노력하면서 자기 스스로의 삶을 사는 거예요. 과정에 충실한 삶을 살아가면, 설령 사회적으로 인정 받지 않더라도 내적인 만족감이 다시 호기심과 내재적인 학습 동기를 이끌어 내는 삶을 살아가게 되는 거죠.

**송이맘** 크든 작든 인생에서 단 한 번의 유레카를 만나는 것이 정말 중요한 것 같네요.

**민준맘** 최근에는 온라인으로 유튜브나 블로그를 통해서 자신의 능력을 공개하다가 뜻하지 않는 공유의 순간을 맞이하게 되는 경우를 많이 보았어요. 그렇게 자신의 운명을 개척하고 성공하기 위해서는 끊임없이 생각하고 실천해야 해요. 우리의 상상력과 창조력을 발휘하고 실질적인 행동으로 생각의 가치를 증명해야 하는 것이죠. 《하버드 새

벽 4시 반》이라는 책에서 이야기하는 내용이에요.

이외에도 많은 학자가 자신의 재능을 발전시키는 데 많은 시간을 할애하라고 하죠. 하지만 많은 사람이 지식의 양을 늘리고 그것을 겨루는 것이 교육이라고 생각하고 경쟁의 가치를, 자신을 독려하고 채근하여 남보다 우위에 두는 것으로 보기도 해요. 질문해 주신 것에 답하다 보니 저도 재미있네요.

**송이맘** 어쩌면 부모의 위치가 자식으로부터 시작되고, 자식을 통해 남들에게 인정받으려는 생각에서부터 조금 과한 행동도 나오는 것이 아닐까 싶어요.

**민준맘** 네, 남들에게 인정을 받아야 행복을 얻을 수 있다는 압박감이 사람들 스스로를 우울증으로 몰아가고 있어요. 자신의 삶을 제대로 살 수 없게 만드는 거죠.

**민준맘** 우리나라 아이들이 공부를 하는 가장 큰 이유는 대개 부모님을 기쁘게 해드리기 위해서예요.

**송이맘** 참 슬픈데 공감이 되네요.

**민준맘** 그런 것을 보면 자신의 삶을 주체적으로 살지 못하게 만드는 사회적인 인식이 이미 존재하는 것 같아요. 주변 환경의 오랜 영향으로 인해 자신의 공부 목표를 내면의 가치에서 외면의 가치로 내보내 버린 거죠. 외면의 허상을 쫓다가 결국 본래의 나를 잃고, 허상도 잃게 되면 얼마나 슬프겠어요.

**송이맘** 저와 송이만 보더라도 뭔가 보이지 않는 벽이 느껴질 때가 있지만, 다른 사람들에게 보여지는 것을 생각하다 보면 순간순간 놓치는 것들이 많더라고요. 내면의 지진이 힘들어요.

**민준맘** 그런데 우리는 사회 속에서 사람과 더불어 살아가기 때문에, 다른 사람들을 의식하고 살아가는 것은 당연해요. 그것을 인식하지 않고 사는 사람이 이상한 것일 수도 있죠.

'남들은 자랑하고 잘되는데 나는 왜 이럴까?' 하고 생각하지 않는 사람이 어디 있겠어요. 요즘 사람들은 트랜드와 관련된 책을 많이 읽죠? 그런 책들이 왜 많이 팔리는지 생각해 보면, '적어도 내가 기본은 하고 사는 구나, 트랜드는 놓치지 않고 사는 구나.'라고 느끼기 위해서가 아닌가 싶어요.

**송이맘** 참, 뭔가 돌고 도는 문제인 것 같아요.

**민준맘** 그리고 이 정도면 충분히 괜찮다고 자기위안하면서 한편으로는 미래를 읽음으로써 계속 이 상태로 살아가지 않으려는 나름의 발전 의지 때문이라고 할 수도 있지 않을까요? 뒤처지지 않게 기본은 하고 산다는 나름의 위안일 수도 있겠죠.

**송이맘** 속에는 불안감을 품고 있지만 한편으로는 그것을 포장하는 행위일 수 있겠네요.

**민준맘** 그런데 '남들은 자랑하고 잘되는데 나는 왜 이럴까?' 라고 생각하지 않는 사람은 어떤 특성이 있을 것 같으세요? 같이 잘나가는 사람일 수도 있고 그렇지 않은 사람일 수도 있죠. 불안감을 포장하는 행위이기도 하고요. 사실 트랜드나 최근 정보에 대해 몰랐는데 아는 척하려고 말하는 사람도 있어요.

**송이맘** '나는 왜 이럴까?'라고 생각하지 않는 사람이요? 일단 그런 사람들 중에는 자신의 모습을 외면하거나 또는 아예 인지하지 못하는 사람이 있을 수도 있지 않을까요?

**민준맘**  맞아요. 외면하는 사람도 있겠죠.

**송이맘**  외면하는 사람들 중에는 자신의 이상과 현실이 너무 동떨어진 것을 아는데 다른 사람들에게 들키기 싫어서 외면하고 포장하거나 외면하게 되는 게 아닐까 하는 생각이 들어요.

**민준맘**  그래서 대출을 받아서라도 외면을 포장하거나, 아이들의 교육을 사치스럽게 시키거나 해외여행을 무리하게 가곤 하죠. 현실을 인식하지 못하는 것인지, 잊고 싶은 것인지 모를 정도로 이상한 선택을 하는 사람들이 있어요.

**송이맘**  그러게요

**민준맘**  그런 경우에는 메타인지가 낮게 나온대요.

**송이맘**  아, 그렇군요

**민준맘**  그런데 또 한 부류가 있어요. 마음이 부자인 사람인데요. 자기 스스로 나름의 자신있는 영역과 성취 경험을 가지고 자기효능감과 유능감, 자신감을 가진 사람이에요. '나는 그래도 이것 하나는 잘 해. 나는 이러한 장점이 있어. 누가 뭐래도 이 분야만큼은 내가 최고야.'라는 자신감 말이에요. 방송 프로그램인 〈생활의 달인〉에 나오는 달인들도 그렇잖아요. 구두를 하나 닦더라도 자기 분야에서 최고라고 자부하는 사람들이죠. 그런 사람은 얼굴에서 광채가 나요.

**송이맘**  음, 그렇게 생각하지 않는 사람 중에는 그냥 지금 상황이 별 문제 없어서 그냥 흘러가듯이 보내는 게 아닐까요?

**민준맘**  맞아요. 분명히 그런 사람도 있어요.

**송이맘**  마음이 부자인 사람은 그 누구도 무너뜨릴 수 없을 것 같아요. 어떤 상황이 와도 능히 이겨낼 수 있는 힘이 느껴져요. 상황이나 사람에 휘둘리지 않는 강인함도요.

**민준맘**  그렇죠. 그런데 자기 만족, 충분히 그럴 만한 이유가 있어야 정상적인 상태라고 할 수 있어요. 그런 이유가 없는데 그러면 메타인지가 낮은 거죠.

**송이맘**  동전의 양면과도 같네요. 같은 현상인데 원인은 다르니 말이에요.

**민준맘**  결국 자신의 능력을 자아 실현적으로 쓰는가, 사회실용적으로 쓰는가의 차이가 성공의 모습을 다르게 만들 거예요. 사회실용적인 것은 외부의 인정을 받을 때 얻을 수 있는 것이고, 자아실현적인 것은 내면에 있지만 그 자체로 큰 힘이 되는 것이죠. 사회실용적으로 인정을 받아도 자아실현이 아니라면 덜 행복하지 않을까요? 성공을 하더라도 말이에요.

**송이맘**  그렇네요.

**민준맘**  자아실현적인 성공은 사회실용적으로 활용이 가능하지만 사회실용적인 성공은 자아실현적인 가치와 반드시 일치되기는 어렵기 때문에 아이들이 자기 스스로의 삶을 살 수 있도록 해야 한다고 생각해요. 어린 시절에 발견했던 자신의 재능을 살려가면서 보험을 들 듯 자기의 내재적 지식을 형성하고, 관련된 경험을 충분히 쌓도록 하는 것이 가장 좋은 방법이 아닐까요?

**송이맘**  그럼, 경험이 결국 교육의 기반이 되는 건가요?

**민준맘**  유의미한 경험이어야 해요. 근데 유의미한 경험도 때때로 일시적이어서 장기적인 경험이 필요하죠. 아이가 관심을 가지는 것을 수시로, 충분히 누릴 수 있도록 해주어야 해요. 과거에는 자식도 많고 먹고 살기도 힘드니까 아이들이 방치(?) 될 정도로 충분한 시간이 있었죠.

**송이맘**  맞아요.

**민준맘**  시간이 되시면 우리 이렇게 유의미한 대화 계속 이어가요. 저도 생각을 정리할 수 있어서 좋네요.

**송이맘**  저도 재미있어요. 이렇게 이야기하고 나면 생각을 정리하게 되고 또 깨닫는 것도 많아요.

**민준맘**  그래요? 다행이네요.

## 송이맘의 생각

나도 송이의 학습동기를 유발하기 위해서 목표를 이루면 원하는 것을 사주기도 하면서 목표를 즐겁게 이루도록 한 적이 있다. 그런데 이것이 계속 되다 보면 원하는 것의 크기가 계속 커지면서 또 한 번의 고민에 빠지게 된다. 민준맘과의 대화를 되짚어 보면 운을 탓하지 않는 자기만족을 위해 공부나 일을 하는 사람으로 키울 수 있다는데, 그것은 본인 스스로가 유레카적인 경험을 하는 것이 매우 중요해 보인다. 그것은 어린 시절의 성취 경험과도 관련이 있는 듯하다. 아이를 격려하고 믿어주고 지원해주는 지원군이 있을 때 내가 원하는 마음부자이자 힘 있는 아이로 키울 수 있다는 생각이 들었다.

그런데 나도 이런 이유로 내 아이가 좋은 선생님을 만나기를 바라고 나는 실질적인 교육과는 멀어지려고 했다. 왜냐하면 나는 송이만 키우는 것이 아니고 봐야 할 아이도 많고 해야 할 일도 많기 때문이다. 하지만 엄마와 아빠가 아이에게 든든한 지원군이 되어 주어야 한다는 것이 도전 의식을 불러일으킨다. 아마도 나는 아이가 빨리 내 손에서 벗어나 내가 빨리 편해지고 싶었던 것 같다. 그렇다면 한 번도 이렇다 할 유레카를 경험해 보지 못해서 무기력증에 빠진 우리 송이를 어떻게 하면 마음부자인 사람으로 재탄생시킬 수 있을까?

네 번째 톡.

# 중2병은 대체 왜 생기나?

내 아이의 중2병을 예방할 수 있는 방법은 없는가?

**민준맘** 지금은 부모가 아이의 삶에 과도하게 개입하다 보니 아이들이 자기
의 삶을 주체적으로 살기 어려워졌어요. 그게 중2병의 이유죠. 이전
까지는 아이들도 그냥 그런가 보다 하고 살다가 중2가 될 즈음 자기
에 대한 의식이 생기고 존재에 대해 생각하게 되는 거죠. 그렇게 되
면 극도의 혼란에 빠지게 돼요. 아이가 커가면서 달라지고 있다는
것을 느낀 게 언제인가요?

**송이맘** 아이들이 커가면서 계속해서 변화를 겪는 것 같은데, 빠른 아이들은
저학년 때부터 그 변화가 시작되는 듯해요. 그것도 세 단계로 나뉘
어서 각 단계별로 변화의 모습이 다른 듯도 하고요. 그래도 초등학
교 때는 이것에 대해 깊이 인지하지는 않는 것 같아요. 그러다가 중
학생이 되면 자기 자신에 대해 이전과는 다른 깊은 성찰(?)을 하게
되죠. 이때 부모나 어른들과 자연스럽게 이야기를 나누는 친구들은

건설적인 고민을 하면서 진보하는 형태를 보이지만, 많이 억눌리거나 부모에 의해서 움직이는 아이들은 반항기를 크게 맞이하거나 부모가 싫어하는 것만 골라서 하는 쪽을 선택하더라고요. 그것이 어찌 보면 나도 살고 싶다는 몸부림의 표현이 아닐까도 싶어요.

**민준맘** 그렇죠. 그게 데카르트의 존재론이에요. '나는 생각한다, 고로 존재한다.'의 의미죠.

**송이맘** 이야, 이렇게 학문적인 것으로 연결되다니. 신기하네요.

**민준맘** 아이들이 어릴 때는 그저 마냥 즐겁다가 어느 정도 컸을 때 문득 생각을 하게 되는 거죠. 그러다 보니 선호도가 생기고 고집도 생겨요. 그런데 엄마들은 아이들보다 인지발달 단계가 높기 때문에 아무래도 엄마가 선택해 주는 것이 옳다는 것을 아이에게 주입하고 엄마의 말을 따르기를 요구하죠. 처음에는 아이들이 설득도 될 뿐더러, 강화물(보상, 선물, 조건에 대한 타협) 등을 갖고 싶어서 자신의 의견은 내려 놓고 엄마의 의견을 따르기도 해요.

그러다 보면 엄마의 의견에 순응하는 모범생이 되는 경우나, 또는 자신의 생각과 선택을 엄마에게 요구하는 경우도 있어요. 그 의견이 받아들여져 조기에 자신의 삶을 사는 경우도 보았어요.

**송이맘** 그러게요. 부모도 자식이 자라고 있다고 생각해서 아이의 생각을 인정해주면서 크게 문제가 되지 않는 범위 내에서는 아이의 생각대로 해볼 수 있도록 해줘야 하는데 말이에요. 부모의 여러 가지 상황이나 생각들이 지배하는 경우가 많은 것 같아요.

**민준맘** 그리고 서로 충돌만 하다가 원수가 되는 경우도 있어요. 그러다가 결국 부모는 자식과 다시 타협을 시도하게 되는 것이죠.

**송이맘**  하브루타 선생님께서 아이들은 옳은 말을 하는 사람보다 좋아하는 사람의 말을 따르게 되어 있다고 했어요. 그러면서 13세 이전에는 아이들에게 세세하게 삶을 살아가는 방식 하나하나를 가르친 사람만이 13세 이후에 코칭을 할 수 있는 자격이 주어진대요.

**민준맘**  철학적이네요. 상담을 하기 전에 서로 라포[4]가 제대로 형성되어야 하는 거죠.

**송이맘**  그랬군요. 이런 게 있는지 몰랐어요.

**민준맘**  제 생각에는 사람들은 자신의 기호와 본능에 따라, 자신이 좋아하는 스타일에 대한 선호가 있어요. 이상형처럼 말이에요. 교사도 자기와 더 맞는 사람이 있잖아요.

**송이맘**  맞아요, 그런 것 같아요.

**민준맘**  그런데 아이에게 있어서 자기와 가장 잘 맞는 사람은 결국 부모예요. 아주 어릴 때는 부모의 말을 잘 따르죠.

**송이맘**  그게 제일 행복한 거죠.

**민준맘**  그리고 부모가 자기에게 해가 될 말을 할 리가 없다고 여기면서 신뢰감을 갖고 엄마가 "너를 위해서 이런 말을 하는 거야."라고 하면 마땅한 근거가 없어도 설득되는 거죠. 현대의 교육문제에서 엄마교육

---

4  라포(rapport) : 상담이나 교육을 위한 전제로 신뢰와 친근감으로 이루어진 인간관계이다. 상담, 치료, 교육 등은 특성상 상호협조가 중요한데 라포는 이를 충족시켜주는 동인(動因)이 된다. 라포를 형성하기 위해서는 타인의 감정, 사고, 경험을 이해할 수 있는 공감대 형성을 위하여 노력해야 한다. 따라서 효과적인 장애 학생 교육이나 부모 상담을 위해서는 라포의 형성이 무엇보다 중요하다. (네이버 지식백과)

이 중요한 이유는 바로 이 부분 때문이에요. 결국 가장 많은 영향력을 주는 것이 부모이고, 이것이 아이의 가치관 형성에 큰 영향을 끼치게 되는 것이죠.

**송이맘** 그런데 그것은 아이가 어릴 때는 가능하지만 아이의 생각이 커지기 시작하면 꼭 부모의 영향만을 받는 것이 아니잖아요. 자신의 생각이 커지니까요. 과도기가 생기기 마련이잖아요. 그래서 '자식이 내 맘대로 안 된다, 교육이 억지로 안 된다.'라는 말이 나오는 게 아닐까요?

**민준맘** 그럼에도 불구하고 부모는 유전적으로, 환경적으로 아이에게 가장 많은 영향을 끼쳐요. 그게 부모에 의해서 간섭과 제한을 받았다고 여기는 나쁜 의미의 자극이 될 수도 있겠죠. 또는 부모와 아이가 많은 대화를 나누는 과정에서 부작용이 생기기도 해요. 아이가 부모의 생각 패턴을 읽어서 이제는 부모의 행동이나 눈빛만 봐도 부모가 원하는 것이 뭔지를 알게 되죠. 그러면서 그에 보답하거나 혹은 그 기대를 만족시켜줄 수 없다고 생각하면, 그 시선을 회피하거나 무시해 버리고 싶다고 생각하게 되는 것 같아요.

**송이맘** 그렇네요. 부모는 아이에게 뒷모습에서도 마음을 들켜버리게 되니까요.

**민준맘** 네. 특히 자신의 생각이 맞아 떨어질 때, 설마 설마 했던 것을 눈으로 확인하게 되면 더 실망하게 되고 아이는 부모와의 관계 속에서 혐오자극5을 느끼게 되는 거예요. 혐오자극은 회피하고 싶은 자극이에요. 이것은 부모와의 관계망을 단절시키는 결과를 초래하죠. 그래서 중2병이 강하게 온 뒤에 특별한 계기가 오기 전까지는 부모자식 사이가 회복되기 어려운 관계가 돼버려요.

---

5 　혐오자극(aversive stimulus, aversion stimulus, 嫌惡刺戟) : 대부분 행동을 변화시키기 위해 신체적으로 통증을 느끼게 하는 것과 같이 불쾌한 느낌을 주는 자극으로 이루어진다. (네이버 지식백과)

## 송이맘의 생각

내년에 우리 송이도 중학교 2학년이 된다. 요새 중2는 워낙 이런저런 이야기가 많아서 나도 살짝 겁을 먹고 있다. 아직까지는 나와 크게 문제없이 잘 지내고 있으니 말이다. 아니다. 요즘 말도 잘 안하고, 나와 눈도 덜 맞추고, 뭔가 달라지긴 했는데, 이 정도면 대수롭지 않은 수준이다. 그런데 만약 송이가 돌변한다면 어떨까? 생각만 해도 끔찍하다. 견딜 수 없을 것 같다. 그런데 그것은 어쩌면 자신이 크고 있고, 자신의 생각을 인정해달라는, 자라가고 있다는, 자신의 존재를 몸부림쳐서 알리고 있는 것이 아닐까 하는 생각도 든다.

나도 그 시절을 돌이켜보면 엄마의 잔소리를 듣기 싫어하고 '이제는 다 커서 내가 알아서 할 텐데 엄마는 왜 그럴까?'라고 생각했던 것 같다. 하브루타 선생님께서 아이들은 옳은 사람의 말을 따르는 것이 아니라 좋아하는 사람의 말을 따른다고 했던 말이 아직도 귓가에 맴돈다. 나도 여전히 아이들에게 옳은 소리만 하고 있는 엄마이지는 않은지 돌이켜봐야겠다.

다섯 번째 톡.

# 수학포기자는 왜 생길까?

내 아이도 수학포기자일까? 막을 수는 없는가?

**민준맘** 수학포기자도 마찬가지예요. 수학에 대한 혐오자극이 여러 가지 요 인에 의해 쌓이면 자신의 존재감, 자존감을 무너뜨리는 수학을 아예 쳐다보지도 않게 되죠.

**송이맘** 수학 혐오자극이요? 두렵네요. 어떤 것이 혐오자극이 될 수 있나요?

**민준맘** 예를 들어, 하기 싫은 수학 학습지를 매일 반복해서 풀라고 강요 하 는 것이죠.

**송이맘** 네?

**민준맘** 강제로 하기 싫은 일을 매일 해 보세요. 기분이 좋을까요? 억지로 풀 었던 기억만 있지, 실제로 풀이한 수학 내용이 기억 속에 많이 남아 있을까요? 불쾌한 느낌을 주는 자극을 매일매일 규칙적으로 쌓아 가 는 것과 다름 없어요.

**송이맘** 그런데 그런 학습지를 꼬박꼬박 하는 것을 좋아하는 아이도 있대요.

**민준맘** 문제가 부담 없이 단순하니까요. 우리나라처럼 공부습관을 잡아 준다고 학습지 풀이를 많이 시키는 나라에서 왜 수포자가 많을까요?

**송이맘** 그렇네요. 뭐가 문제일까요? 성실히 수학을 공부하는데 말이에요.

**민준맘** 제가 생각하기에 가장 큰 문제는 100점을 목표로 수학을 공부하는 거예요.

**송이맘** 네? 공부했으니 당연히 100점 맞으면 좋죠.

**민준맘** 그럼요. 저도 민준이가 100점을 맞아오면 좋아요.

**송이맘** 그럼 그게 뭐가 문제예요?

**민준맘** 100점을 못 맞는 그 순간부터 문제가 되는 거죠. 아이는 좋든 싫든 수학이라는 과목에 시간과 노력을 들였어요. 극기훈련하듯 말이죠. 그런데 그 결과가 100점이 아니면, 수학에 배신당하는 것이나 다름없다고 여기는 거예요.

**송이맘** 그렇죠. 수학 점수에 울고 웃는 것은 엄마들이나 아이들이나 매한가지니까요. 그런데 배신당하지 않게 자기가 더 열심히 하고, 정신 똑바로 차리고 풀며, 실수를 안하도록 해야죠.

**민준맘** 저학년일 때는 실수로 100점을 놓치면, 다시 풀어보면서 실수였다고 말하며 자신감을 잃지 않을 수 있죠.

**송이맘** 참, 아이의 실수를 줄여 주겠다면서 체벌을 하는 엄마도 봤어요. 자랑하듯 말하던데요? 저는 다행히 그건 안했네요. 신체적 자극, 그것도 혐오자극 맞죠?

**민준맘** 네, 맞아요. 학년이 올라가면서 수학적 사고력이 계발되어야 하는데, 오로지 100점을 위한, 실수를 줄이기 위한 반복 훈련만 한 경우에는 설명을 들어도 잘 모르는 것이 생겨요. 그런데 수학적으로 모르던 것을 알면서 스스로 더 새로운 것이 궁금해지는 방향으로 나아가는 것이 아니라, 늘 그 끝에는 시험 점수가 있죠!

**송이맘** 그럼 그것을 외워서 반복해서 푸는 방법도 있잖아요?

**민준맘** 어느 정도까지는 암기가 되겠죠. 노력으로 되는 부분이에요. 그런데 문제가 더 어려워지거나 응용해야 하는 경우라면요?

**송이맘** 목표를 낮추는 거죠.

**민준맘** 수학에 대해 노력도 하고, 시간도 들였는데도 결과가 좋지 않다면 아이는 어떤 기분이 들까요? 수학에 대해 배신감도 생기겠지만, 정작 자기 능력의 한계를 느끼고, 수학이라는 영역에서 자신의 존재를 잃어버리게 되고 말 거예요.

**송이맘** 같은 맥락이네요. 존재!

**민준맘** 그래서 학습의 목표를 점수에 두게 되면 언젠가는 아이가 학습 자체에 대해 회의감이 들게 마련이죠. 그 안에서 자신의 존재를 잃어버릴 테니까요.

**송이맘** 그런데 이야기를 듣다 보니 제가 송이를 수학포기자로 몰아가고 있었다는 생각이 드네요. 아직 절망적인 상태는 아니겠죠?

**민준맘** 너무 자책하지 마세요. 한편으로는 수학 실력에 있어서 부모나 사회의 기대감에 대한 아이의 저항이라고 볼 수도 있으니까요. 모두가 다 같은 맥락이에요. 살기 위해 교육받고 성장하는 거잖아요.

**송이맘** 그렇네요, 결국.

**민준맘** 이야기하다 보니 교육철학과 심리학을 다루게 되었네요.

**송이맘**　네, 그런데 재미있어요.

**민준맘**　그럼 이런 상황에서 어떤 교육적인 대안들이 있다고 생각하세요?

**송이맘**　하브루타 선생님에 따르면 사람은 남을 돕는 존재로 지어졌대요. 이런 의미에서 내가 남에게 도움이 되는 존재라고 여기면, 공부든 돈 버는 것이든 무엇이든 의미 있어진다고 했던 말씀이 생각났어요.

**민준맘**　그렇죠. 착한 기업은 성공한다는 의미와 맥락이 같아요. 그리고 사업 중에서도 남에게 도움이 되는 사업은 항상 성공하죠. 우리가 지금 쓰는 카카오톡처럼요. 세상을 편리하게 바꿨고 무료로 제공되잖아요.

**송이맘**　그리고 남을 돕는 것은 결국 자신의 존재를 확인하게 되는 가장 선하고 아름다운 방법이라고 했어요. 그래서 기부를 하고, 봉사를 하기도 하고, 자신의 재능을 기부하기도 하는 거죠. 그러면서 이 세상 속에서 자신의 존재가 가치 있다는 것을 확인하게 되는 거예요.

**민준맘**　그것을 행동을 통해서 확인하는 과정이 삶이 아닐까요?

## 송이맘의 생각

수학에 대한 혐오자극이 쌓이고 쌓여 자신의 존재감을 무너뜨리면서 수학을 싫어하게 된다는 사실을 오늘에서야 깨닫게 되었다. 어쩌면 지금 우리 송이가 수학을 이토록 싫어하게 된 것이 혐오자극들로 인해서 자신의 존재감을 상실해서일까? 그럼 수학으로 인해 자신의 존재감을 살려준다면 수학을 다시 좋아하게 될까? 아니면 송이의 존재감을 찾아줄 다른 경험하게 되면, 수학도 좋아하게 될 수 있을까? 정말 궁금한 것들이 계속해서 쏟아져 나와 주체할 수가 없다.

여섯 번째 톡.

# 행복한 교육과 삶은 무엇인가?

내 아이가 행복한 삶을 살아가게 하려면 어떻게 해야 하나?

**민준맘** 아이가 지속적으로 행복한 삶을 추구하도록 돕고 안내하기 위해서
는 어떻게 하면 좋을까요? 대안이 있을까요?

**송이맘** 지난번에 하브루타 강의를 들었던 것이 생각나네요.

**민준맘** 그것과 연결해서 생각하시면 좋죠.

**송이맘** 유대인들은 집에 째다까 상자를 두어서, 아이들이 틈나는 대로 동전
을 모아 불쌍한 사람들을 돕는 데 쓴다고 하더라고요.

**민준맘** 네.

**송이맘** 그것이 그냥 돈을 나눠주는 것처럼 보이지만, 결국 그것을 통해서
다른 이들을 위해 나는 무엇을 어떻게 할 것인가를 생각하게 된다고
해요. 그래서 제품도 만들고, 그것이 기업이 되기도 하며, 사회의 많
은 사람에게 도움이 되는 것을 끊임없이 생각하게 된다고 해요.

**민준맘** 진정한 교육은 올바른 인성을 만드는 것에서부터 시작되죠. 그것이

결국 착한 기업을 만들어 내는 것이고요.

**송이맘** 그렇게 되네요. 공부해서 남주자! 이렇게 말이에요.

**민준맘** 아, 그리고 유대인들은 또 어떻게 교육한데요? 기억에 남는 것이 또 있으세요?

**송이맘** 유대인들은 말씀 교육을 철저히 하면서 본인들의 존재감을 확인하고 신에 대한 흔들림 없는 믿음을 갖도록 가르친대요. 그리고 탈무드를 통해서 세상을 살아가는 지혜를 가르치며, 그와 동시에 세상을 가르치죠.

**민준맘** 말씀 교육을 철저히 하면서 본인들의 존재감을 확인한다고요?

**송이맘** 네.

**민준맘** 이 부분에 대해서 좀 더 자세히 설명해 주세요!

**송이맘** 유대인들은 나라를 계속해서 빼앗기면서 떠돌이 생활을 많이 했잖아요. 그것을 흔들림 없고 변함없는 토라에 자신의 삶의 기준을 두어 버텨낸 것이 아니었나 싶어요. 그들만의 정체성이라고 해야 할까요? 그들은 어디를 가든지 그들만의 정체성을 확인함으로써 정착 생활을 유지했는데, 그 기준이 토라이었던 것이죠.

**민준맘** 토라에서 그들만의 정체성과 존재감을 찾은 것이군요. 신이 선택한 민족이라는 엄청난 존재감과 자부심을 바탕으로 신이 그러하듯 사람들을 돕고 살아가야 한다는 것이 아닌가 싶어요. 사회의 많은 사람에게 도움이 되는 것을 끊임없이 생각하도록 가르치는 것이군요.

**송이맘** 맞아요.

**민준맘** 우리나라의 홍익인간 이념(널리 사람을 이롭게 한다)과도 비슷하네요.

자신의 존재가치에 대한 확신을 먼저 심어주고, 그것을 신성성의 경지로 올렸으니 그 존재가 얼마나 가치롭겠어요?

**송이맘** 유대인들은 토라(율법서)와 탈무드를 통해 변하지 않는 진리와 세상의 지혜를 함께 가르치는 민족인 것 같아요.

**민준맘** 네, 그렇네요.

**송이맘** 그래서 유대인을 아는 사람들은 유대인이 만들었다고 하는 제품은 묻지도 않고 믿고 산대요.

**민준맘** 가치로운 존재감을 바탕으로 자신의 명예와 안목을 걸고 만든 제품이니까요.

**민준맘** 그러니 신뢰하겠죠.

**송이맘** 그런 것 같아요.

**민준맘** 인간의 가치와 존재가 낮은 나라의 제품들은 어떨까요?

**송이맘** 가치롭지 않을 수도 있겠네요.

**민준맘** 아, 방금 신기한 내용을 찾았어요. 저는 자살이 자신의 존재 이유를 내적으로, 또 사회 속에서 찾지 못한 채 자신의 무가치함을 스스로 인정하고 자신의 존재를 사회 속에서 지우는 행위라고 생각했어요. 그런데 전 세계적으로 유대인의 자살률이 가장 낮다고 하네요.

**송이맘** 네? 정말요?

**민준맘** 정말 소름끼치지 않아요? 모든 학문은 다 연결되어 있는 것 같아요. 저는 지금까지 제가 관찰한 것, 그 안에서 궁금한 것 그리고 그 궁금증을 해결하려고 자료를 찾는 방법을 통해 공부해 왔어요. 이게 구조주의[6]에서 주창하는 교육 방법이죠. 줄기들이 막 연결되는 기분이에요.

**송이맘**  신기하네요. 아무튼 너무 재미있네요. 이 모든 것이 서로 연결되어 있고 원인과 결과가 이어지고 있다는 사실이요.

---

6  구조주의(Structuralism, 構造主義) : 사물의 참된 의미가 사물 자체의 속성과 기능에서가 아니라, 사물들 간의 관계에 따라 결정된다는 인식을 전제로 한다. 세계 안에서 사물은 언제나 다른 사물들과 유기적인 관계를 맺으며 존재한다. 그 관계망 안에서 사물이 지니는 위치에 따라 사물의 의미는 규정되며 변화한다. 따라서 사물의 의미는 개별적으로 인식될 수 있거나 고정되어 있는 것이 아니다. 그것을 부분으로 삼고 있는 전체 체계와 구조 안에서 사물 의미는 비로소 인식될 수 있으며, 체계의 변화에 따라 사물의 의미도 변화한다. 따라서 구조주의는 전체 체계 안에서 사물들의 관계를 기술하고, 그 의미를 이해하려 시도한다. 그리고 개개인의 행위나 인식 등을 포괄하고 그것들의 최종적인 성격을 규정하는 구조와 체계의 원리를 밝히려 한다. (네이버 지식백과)

## 송이맘의 생각

행복한 교육이라고 표현했지만, 아마 부모만큼 자식이 행복한 삶을 살기를 바라는 사람은 없을 것이다. 나도 행복한 삶이 무엇인지에 대해 다시 생각해 보면서 하브루타 선생님의 말씀을 계속 떠올려 보았다. 사람은 본성적으로 남을 돕는 마음을 가지고 있다고 한다. 나도 어린 시절에 불우이웃 성금을 내라고 하면 기쁜 마음으로 있는 힘껏 내고, 집을 나가 결석이 잦았던 친구를 찾아가서 학교로 돌아오게 하고, 공부를 힘들게 느꼈던 친구에게 이해가 되도록 설명해 주기 위해서 밤을 새며 공부할 때도 힘든 줄 몰랐던 기억들이 떠오른다.

사람은 남을 도우면서 '내가 꼭 필요한 사람이구나.'라는 자신의 존재감을 확인하나 보다. 봉사활동도 입시를 위해 시간 채우기식으로 하는 요즘의 교육 현실에서 다시 한 번 생각하게 만드는 대목이다. 우리 송이도 제대로 된 자신의 존재감을 가진다면 행복한 삶을 살 수 있겠지?

일곱 번째 톡.

# 아이의 존재가치를 어떻게 깨우나?

내 아이의 존재가치를 깨울 교육 방법은 무엇인가?

**민준맘**  피아제(심리학자, 교육자)의 책을 요즘 다시 읽기 시작했는데, 모든 것
은 관찰된 사실에서 출발하는 거래요. 그런데 관찰은 감으로 하는
것이어서, 시각, 청각, 미각, 촉각, 후각이 정보를 얻는 통로가 될 수
있어요.

**송이맘**  유대인들은 근본을 교육함으로써 그들의 자존감을 높이고, 더 나아
가 본인들의 존재 의미를 배우고 익히는 수준을 넘어 거의 뇌리에
박히도록 배우는 것 같아요. 그리고 나서 그 위에 학문이라는 도구
를 얹는 방식을 취하는 것 같아요.

그리고 자식의 교육에 올인하면 30%밖에 얻지 못하지만 부부사이
에 올인하면 70%는 기본으로 얻고 갈 수 있다고 하네요.

**민준맘**  우리나라 사람들과 정말 대비되는 내용이네요. 유대인의 교육에 대
한 철학적 내용이 따로 정리되어 있나요?

58

**송이맘**  유대인들은 가정에서의 중심을 부부로 두었대요. 그리고 그 내용은 아직 잘 모르겠어요. 찾아봐야죠.

**민준맘**  부부는 새로운 생명 탄생의 시작이에요. 부부가 위태로우면 자신이 왜 태어났는지, 자신을 왜 낳았는지 자녀가 의문을 갖고 괴로워하기 때문에 부부의 강한 사랑과 유대감, 존재감이 정말 중요하다고 생각해요.

**송이맘**  맞아요. 존재감부터 흔들리기 마련이니까요. 근본이 흔들리는데 다른 것이 무슨 의미가 있겠어요.

**민준맘**  저도 때때로 남편이 짜증날 때가 있지만 그래도 우리 아이의 아빠니까 그 자체로 가치 있다, 남편을 깎아 내리면 내 자식을 깎아 내리는 것이고, 내 자식의 근본을 부정하는 것이라고 생각하고 마음을 다스리고는 해요.

**송이맘**  전 알면서도 그게 잘 안 돼요. 그리고 유대인들은 아버지가 식사할 때 없어도 아버지의 자리를 마련하고 아버지의 존재를 아이들한테 이야기해 준대요. 오늘도 아버지는 우리 가족을 위해 열심히 일하시느라 함께 식사하지 못하는 거라고 말해 주면서요.

**민준맘**  자신의 근원적인 존재에 대한 가치교육이네요.

**송이맘**  그리고 모두가 아버지를 위해 기도한대요.

**민준맘**  와! 눈물이 핑 도는데요?

**송이맘**  그러니까요. 참, 제 주변에 이것을 실제로 실천하신 분이 있었어요. 이것을 통해 아이가 밥상 앞에서 펑펑 울면서, 그제야 아버지에 대한 고마움을 느끼게 되어 아이와 아버지의 관계가 회복되었다고 하

더라고요. 그러면서 자연스럽게 서로 더 관심을 갖게 되고 사랑하게
되었다고요.

**민준맘** 우리나라는 학습의 효율성을 높이기 위해서, 아버지는 돈 버는 기계
이고 학원[7] 셔틀기사가 되어야 했죠. 퇴근길에 아이들을 기다려서
태워 오고, 돈을 못 벌면 자식에게까지 무시 당하고, 사교육비를 충
당하기 위해 투잡을 뛰거나 기러기 아빠가 되는 경우도 많아요.

**송이맘** 맞아요. 슬프지만 현실이 그렇죠.

**민준맘** 그래서 저는 제가 남편을 다 이해하긴 어렵더라도 존재가치를 계속
인정하기 위해서 늘 고맙다고 말해요. 전에 정말 힘든 시기를 겪은
이후에는 뭐든 해주면 감사해요.

**송이맘** 아버지의 자리가 점점 사라지는데, 문제의 심각성은 생각하지 않고
많은 사람이 그것이 당연하다고 생각하는 것 같아요. 민준맘은 득도
하셨군요.

**민준맘** 네. 사실 우리나라에서 아버지의 자리는 사회적 지위와 경제력으로
생각하는 경우가 많죠.

**송이맘** 맞아요. 하지만 유대인 아버지의 역할은 교육의 목적이 더 많대요.
사회를 가르치는 사람으로서의 존재이기도 한 것이죠.

**민준맘** 교육의 목적? 사회? 어떻게 가르친대요?

---

7  우리나라에서 교육을 이야기 하면 보통 공교육, 사교육으로 나누는데, 공교육 안에도 요즘
은 방과 후 수업으로 사교육 개념이 들어가 있으니 공교육, 사교육도 융·복합되는 느낌이다. 우
리나라에서 사교육은 공교육을 하는 사람도 다 활용하는, 돈 많은 고위직 사람들이면 더 적극적
으로 이용하는 문화가 되어버렸다. 자녀를 가진 사람이라면 한 번쯤은 입시 설명회에 참석해 보
고, 강의를 듣고 정보도 정리하고, 신학기 계획도 세우고 테스트도 받아보는 것이 부모로서 당연
한 임무가 되어버린 것이다.

**송이맘** 토라와 탈무드를 놓고 세상 살아가는 방법을 계속 토론하면서 가르치고 또 배우게 되는 거죠. 그래서 제가 생각하기에 하브루타는 학습 방법이라기보다 삶의 전반적인 가치관이나 모든 것을 적립하고 세워나가는 데 큰 역할을 하는 것 같다는 생각이 들었어요. 그것이 학습에 적용되면 인지를 높일 수 있고, 삶에 적용되면 지혜를 얻을 수 있는 것이죠.

**민준맘** 하브루타는 가치교육이네요.

**송이맘** 네, 맞아요.

**민준맘** 가치를 제대로 볼 수 있는 안목을 키워야 하는데, 안목의 일부가 메타인지겠지요.

**송이맘** 그런 것 같아요.

## 송이맘의 생각

존재가치를 키우는 교육은 가정에서 시작되는 것 같다. 아이라는 존재를 만든 사람이 부모가 아닌가. 남남이 만나서 서로 사랑하여 부부의 연을 맺고 그 결과로 자녀를 얻었으니 자녀의 존재를 찾는 제일 근본은 가정이고 부부라고 볼 수 있지 않을까. 하브루타 강의를 들으면서, 민준맘과 대화를 하면서 나뿐 아니라 많은 부모가 자녀에게 좋은 것이라고 생각하면 학원에 보내서라도 가르치려고 하고, 그것을 잘 가르치는 선생님을 찾아보려 신경을 곤두 세우는 모습을 돌아보았다. 그로 인해 아이들은 학교가 끝나도 가방을 메고 가야 할 곳이 점점 늘어나고 있다. 어리석은 어른인 나의 모습을 되돌아본다.

# 교육에 대한 안목을 키우려면
# 어떻게 해야 할까?

유복한 가정에서 자라면 훌륭한 아이로 크지 않을까?

**송이맘**    안목을 키우려면 어떻게 해야 할까요? 실천할 수 있는 게 있나요?

**민준맘**    안목은 생각, 선택, 행동 그런 것의 기준이 되죠.

**송이맘**    안목을 키우려면 유의미한 경험이 필요하잖아요. 유의미한 경험도
어떤 방향으로 유도해야 좋을까요?

**민준맘**    경험한 것들 중에서 유의미한 경험이라고 생각했던 것들이 있나요?

**송이맘**    일단 제 생각에는 모든 경험은 유의미할 수 있다고 생각해요. 저는
살면서 '왜 나는 남들이 다 가진 정상적인 가정이 아닐까? 왜 하나님
은 우리 가정처럼 행복한 가정에서 아빠를 빨리 데려가셨을까?'라는
생각을 많이 했었어요. 중고등학교 때요.

**민준맘**    아, 그래요?

**송이맘** 그런데 신기하게도 제가 아직 나이가 그리 많지 않은데도 주변에 부모님이 돌아가셔서 장례식장에 가면 제가 그곳에 존재하는 것만으로도 그들에게 위로가 되었다는 것을 알게 되었어요.

**민준맘** 그분들과의 내적인 공감이 형성된 것이네요. 존재 자체의 위로와 공감! 송이맘도 어릴 때 아빠가 일찍 돌아가셨지만 잘 컸으니, 이것을 아는 사람들이라면 다들 그런 감정을 느끼지 않을까요?

**송이맘** 네, 그래요. 그저 옆에 있어 주는 것이 말로 위로하는 것보다 더 큰 위로가 된 셈이죠.

**민준맘** 그럼 그러한 상황이 자신에게 긍정적으로 작용했다는 생각이 든 적은 없으세요?

**송이맘** 슬픈 경험이지만, 저는 누구보다도 그런 사람들의 마음을 잘 이해하게 되었어요. 그 일이 저의 존재감 형성에 긍정적인 작용을 했다는 생각이 들어요. 남들이 보기에는 불행해 보이겠지만, 이것이 결코 불행한 일이 아니라는 진실을 알게 된 순간이었어요.

**민준맘** 남들에게 도움이 되는 존재가 되었네요.

**송이맘** 사실 제가 지금 열심히 책을 읽으면서 공부하는 것 모두가 나처럼 편모나 편부 아래에서 자라는 아이들을 돕고 싶어서예요.

**민준맘** 아, 네. 그럼 그런 아이들에게 결손된 부분이 무엇이라고 생각하세요? 그것을 어떻게 채워주면 도움이 될까요?

**송이맘** 물론 모두가 그런 것은 아니겠지만 제 어릴적 경험을 비춰봤을 때 자신의 불행한 상황을 보면서 희망적인 생각을 갖기보다는 절망적으로 생각하게 된다는 거예요. 정말 슬픈 일이죠. 저도 때때로 느껴지는 절망적인 감정에 힘들기도 했어요. 그래서 이것을 바꾸고 또다른 방식으로 채워주는 것이 얼마나 어려운 것인지 알 것 같아요. 절망으로 치닫는 아이를 정말 어떻게 이끌어줘야 하는 것일까요?

**민준맘** 어려운 문제 중 하나네요.

**송이맘** 결손가정의 아이들은 가정에서도 정해진 틀에서 벗어나지 않게 엄하게 키워요.

**민준맘** 왜요? 사람들이 편부모 가정의 아이들이라 더 비난할 수 있어서요?

**송이맘** 네. 같은 잘못을 해도 더 많이 비난 받았어요. 어린 시절의 경험을 돌이켜보면 엄마가 무척 엄하셨어요. 남편 없이 혼자 키운 자식이라고 남들에게 손가락질 받기 싫어서 더 그러셨다고 하시더라고요.

**민준맘** 아, 그렇군요. 반대로 생각하면 결손가정의 아이들이 더 잘 자라야 하는 충분한 이유도 되겠네요.

**송이맘** 긍정적으로 생각하면 그렇죠.

**민준맘** 편부모 가정의 아이들이 사회적으로 성공할수록 그런 아이들에 대한 편견도 줄어들겠네요.

**송이맘** 네, 맞아요.

**민준맘** 실제로 사회적으로 창의적이라고 평가 받고, 최고의 영재로 손꼽히는 사람 중에는 행복한 가정보다 결손 가정에서 자라온 경우가 많았대요.

**송이맘** 아, 그래요? 어린 시절에 많은 고민을 해서일까요?

**민준맘** 영재교육 관련 책에서 봤는데 43명의 유명한 시인이나 소설가가 아버지가 없었대요. 많은 유명한 과학자는 어머니가 없었고요. 못생기고 학교에서는 인기도 없었대요.

**송이맘** 그럼 시인이나 소설가, 드라마 작가는 아무래도 사회 속에서 불리한 일을 많이 겪었을 수도 있겠네요.

**민준맘** 아버지가 없어서 덜 권위적이었을 수도 있고, 사회적인 의식 속에서 철학이나 심리학적인 고민을 해서 인문학적인 재능을 더 키우거나 상상력이 풍부해졌을 가능성도 있죠. 과학자는 엄마가 없는 경우가 많았다고 했잖아요. 그렇다 보니 요리를 하거나, 빨래나 청소를 하는 등 좀 더 실생활과 연계된 머리를 더 써야 하지 않았을까 싶어요.

**송이맘** 우와! 결국 그들에게 불행일 수 있었던 상황들이 그들을 발전시키고 성공하도록 도운 거네요.

**민준맘** 네, 맞아요. 과정이 힘겨웠을지라도 결과적으로는 그들이 자신의 운명을 긍정적으로 해석한 결과라고 생각해요. 그런데 모든 결손 가정의 아이들이 이렇게 되는 것은 아니잖아요. 그 차이는 무엇일까요?

**송이맘** 상황과 환경을 극복하려는 의지가 많을수록 긍정적인 결과를 낳는 것이 아닐까요? 그것은 또다시 본인의 의지와 깊은 관련이 있어 보여요.

**민준맘** 결손이라는 것이 오히려 문제 발견과 해결의 기회를 더 많이 줄 수도 있잖아요. 전화위복이죠. 그러한 상황을 비관적으로 생각하지 않고 있는 그대로 받아들이면서 자신의 가치를 바로 세우는 것! 그것이 바로 차이죠.

**송이맘** 인생사 새옹지마라더니, 이런 것을 두고 하는 말인가 봐요.

**민준맘** 그런데 유대인이라면 결손 가정에서 어떻게 교육했을까요?

**송이맘** 보이는 아버지는 안계시지만 보이지 않는 하나님 아버지에 대해 교육했을 것 같아요.

**민준맘** 네, 맞아요. 아버지의 자리를 비워두고 그를 생각하도록 하면서 그가 우리 곁에는 없지만, 만일 있다면 어떻게 가르칠까? 또 들을 수는 없지만, 하늘에서 우리에게 뭐라고 말씀하실까? 이런 식으로 스스로 생각하게 했겠죠.

**송이맘** 이것과 관련이 있을지 모르겠지만 탈무드에 이런 내용이 있는데요. 큰 나무가 있는데 어느날 갑자기 쓰러진 거예요. 그런데 아무도 그 소리를 듣지 못했대요. 그래서 다들 '그럼 그 나무는 진짜 존재했던 것일까?'라는 주제로 토론을 했어요.

**민준맘** 네.

**송이맘** 그런데 결론은 '소리를 아무도 듣지 못했다고 해서 존재가 없는 것은 아니다.'였어요. 내가 인지하지 못하는 소리라서 듣지 못했을 수도 있다는 것이죠. 결국 그들은 보이지 않는 존재를 강하게 신뢰하는 교육을 한다는 것을 알 수 있는 대목이에요.

**민준맘** 우리는 현상을 통해서 생각하고 판단하는데, 사실 보이는 현상이 전부는 아니죠. 더 깊은 진리의 세계가 있다고 봐야 해요.

**송이맘** 유대인들은 아버지가 아이들을 가르치는 사람이라고 인식한다고 하더라고요. 그 아버지와 치열하게 토론하면서 생각하는 법을 배우고 세상의 이치를 배우게 되는 거죠.

**민준맘** 네.

**송이맘** 여기서 중요한 것은 일방적인 가르침이 아니라 아이의 생각도 일리가 있다는 존중에서부터 시작한다는 거예요. '가치를 심어주는 가르침'을 준다는 것이 우리와 다른 것 같아요.

**민준맘** 존중을 받는다는 것은 어린아이도 지식을 생산할 수 있다는 자신감이 있다는 것이 아닐까요? 일방적으로 지식을 전달하는 것이 아닌, 다시 말해서 가르치는 것이 아닌 스스로 깨달을 수 있는 기회를 주는 것이죠. 자신의 생각이 가치 있다고 생각하도록 하기 때문에 아이는 자신의 지식이 맞는가 틀리는가를 따지기보다는, 지식을 탐구하는 과정으로 생각해서 지속적인 사고와 토론을 통해 성장하고 사고력을 계발해 나갈 수 있는 거예요. 그렇게 장기간에 걸친 노력들이 자신의 내재화된 지식, 암묵적인 지식이 되는 것이죠. 그것은 창의성이 기반이기도 해요.

**송이맘** 저는 사실 분석적인 사람이 아닌데, 하브루타를 세 번 정도 해보니 누군가가 질문해 주지 않아도 스스로 내면에서 자꾸 질문이 올라오더라고요.

**민준맘** 궁금하고 호기심이 생기며, 깨달음의 즐거움도 느끼는 것. 그것이 진정한 학습이라고 보시면 돼요.

**송이맘** 신기하더라고요.

**민준맘** 그런데 지금의 교육은 대개 그렇지 않아요. 배워야 하는 목록을 정해서 배우고 트랜드를 체크해서 빠짐없이 채워나가는 방식이죠.

**송이맘** 어쩌면 '내 삶 안에 변화를 일으킬 수 있는가?'라는 질문이 '교육'의 키워드가 될 수 있지 않을까 싶어요.

**민준맘** 송이맘이 지금 경험하신 것이 진정한 교육이죠.

**송이맘** 나를 변화시키고 내 주변을 변화시키는 것이요?

**민준맘** 네. '내 삶 안에 변화를 일으킬 수 있는가?'라는 것은 나의 생각과 행동을 변화시키는 것이고 그것이 교육의 궁극적인 목적이에요. 이제 스스로 정의할 수 있게 되었네요.

**송이맘** 그렇군요. 정말 재미있네요.

**민준맘** 장상호 교수님은 그런 차원에서 우리나라에서 말하는 교육은 서양과는 의미가 다르다고 하셨어요. 결국 에듀케이션(Education)을 교육으로 번역해서는 안 되고 성장이라고 번역하라고 하셨죠. 가르치는 대상은 교사가 아닌 그 누구라도 될 수 있으며 어린아이에게서도 배울 것이 있으니까요.

**송이맘** 성장이라고 하니 느낌이 확 다르네요. 맞아요. 누구든지 내 스승이 될 수 있죠.

**민준맘** 지식을 많이 쌓는 것이 성장은 아니고, 지식을 가르치는 것이 교육은 아니지요. 학교교육의 목표는 지식을 가르치는 것이어서, 우리나라에서 정의하는 교육은 학교교육이라고 할 수 있어요. 에듀케이션(Education)은 개인의 성장을 연구하는 학문이죠.

**송이맘** 그렇네요.

**민준맘** 생각해 보면 이스라엘, 핀란드에서 말하는 교육과 우리나라의 교육은 정의가 다르죠?

**송이맘** 네, 뭔가 많이 다른 것 같아요.

**민준맘** 그런데 우리나라에서는 미국 교육 그 자체만 받아들이려고 하죠.

**송이맘** 맞아요. 또 이스라엘과 핀란드의 교육의 본질은 보려고 하지 않고, 겉모습만 본 채 따라하려고 하는 것 같아요.

**민준맘** 학교교육에 대한 연구에서 지식의 양과 그에 대한 평가가 99.9%를 이루고, 나머지는 0.1%에 묻히고 말아요.

**송이맘** 그래서 밥상머리에서 싸우게 되고 밥숟가락 놓고 각자 방으로 가는 것이겠죠?

**민준맘** 또 많은 교육서가 나왔지만 명확한 이론에 비해 실천 방향이 많이 구체적이지 않아서 엄마들이 실제 생활에서 응용하기를 어려워 한다는 거예요. 그래서 결국 엄마들이 스스로 교육에 대한 개념을 재정립해야 하는 상황이 된 것이지요.

**송이맘** 맞아요. 많이 필요한 상황이에요. 부모의 교육철학이 중요한데, 이는 부모가 진정한 교육을 겪으며 성장한 경험이 있어야 하는 것 같아요. 그래야 아이의 실수도 인정하고 기다려주는 여유가 생기지 않을까요?

**민준맘** 그런 철학이 있어야 흔들리지 않고, 그 과정에서 아이들과의 갈등도 줄이며, 불필요한 시간 낭비, 돈 낭비도 줄이고 이를 통해 결국 행복도 따라오게 되는 것이죠. 철학이 부재하기 때문에 지금 사회적으로 인문학을 외치지만 사실 인문학도 사교육으로 배우고 있잖아요. 핵심만 외우기에 급급한 것이 현실이죠.

**송이맘** 철학을 핵심만 외우면 뭐가 될까요?

**민준맘** 철학은 생각하는 데 있어서 가치 기준을 정립해 주어야 해요. 그래서 경험과 연관하여 충분히 생각을 하면 그것이 곧 내 것이 되고, 그것이 결국 진정한 인문학의 가치를 가진 철학이겠지요.

**송이맘**  그렇겠네요. 생각이 행동을 바꾸고 그런 경험과 행동이 철학이 되는 것이로군요.

**민준맘**  철학책도 유의미한 경험과 연결될 때 내용도 이해되고 공감되며 생각을 바꾸고 행동을 바꿀 수 있게 되는 거예요.

**송이맘**  그런데 우리나라는 모든 트랜드가 결국 다 사교육이 되는 것 같아 마음이 아파요.

**민준맘**  그렇죠? 결국 현실은 철학 이론을 바짝 정리해서 지식이라고 말하며 기억하도록 만들죠.

**송이맘**  유의미하다는 것이 모든 면에서 중요하네요.

**민준맘**  유의미한 경험은 개인이 기본적으로 가진 지식과 연결되어야 해요. 참, 지식이 뭐라고 생각하세요? 지식과 앎은 어떻게 다를까요? 그냥 느껴지는대로 편하게 말씀해 주세요.

**송이맘**  유의미한 경험과 지식이 연결되어야 비로소 빛을 발하는 거군요.

**민준맘**  지금 우리 사회가 지식의 양을 늘리는 교육을 하고 있으니, 지식을 무엇으로 인식하고 있는지를 아는 것이 정말 중요해요.

**송이맘**  '지식'은 뭔가 일반적인 이론을 배우는 것이고, '앎'은 단순한 이론이 아니라 경험을 통해서 깨닫게 되는 것. 그 정도로 생각이 되네요.

**민준맘**  네. 정의는 다 다를 수 있어요. 단편적으로 관찰한 것, 본 것, 들은 것 모두가 앎이 될 수 있어요. 하지만 단기적으로는 아는데, 유의미하지 않은 것까지를 포함하죠. 그래서 잊어버릴 수 있어요. 제 나름의 생각에 지식은 앎과 비슷한데, 구조화시켜서 자신이 가지고 있던 유의미한 경험 속에 잘 흡수시키면 장기기억이 가능하지 않을까 싶어요. 새로운 지식을 창출할 수도 있는, 개인에게 내재화된 존재가 지식이 아닐까요?

**송이맘** 제가 생각한 것과는 완전히 반대네요. 새로운 지식을 창출한다는 것은 정말 아무나 할 수 없는 것이기에 더욱 어렵게 느껴지잖아요.

**민준맘** 아이디어는 새로운 지식이잖아요. 아이디어는 누구나 낼 수 있어요. 결국 우리 모두는 지식의 생산자가 될 수 있는 것이죠.

**송이맘** 아하?

**민준맘** 결국 우리 아이들이 학교에서 배우는 것은 본인이 지식을 생산할 수 있다는 사실보다 누구나 알아야 하는 기본적인 앎에 대한 것이죠.

**송이맘** 그렇네요. 대부분이 나의 경험과 연관되지 않아서 지식으로 승화시킬 수가 없나 봐요.

**민준맘** 사실 지금과 같은 정보화 사회에서 앎을 위해서는 언제든 검색을 할 수 있잖아요. 그래서 궁금증이 있으면 빠르게 검색을 해서 학습할 수 있죠.

**송이맘** 아, 정말 그렇네요?

**민준맘** 정보를 찾고, 어떤 것이 맞는 정보인지 분별해 내는 능력, 비판적인 사고력을 갖추면 되는데요. 그것도 결국 안목과 가치 교육을 통해서 가능해요.

**송이맘** 그런데 정보를 찾는 것도 안목 중에 하나인 듯하네요.

**민준맘** 합리적으로 신뢰할 만한 정보를 찾으면 돼요. 그런 것을 교육해야죠. 그리고 이렇게 궁금해서 찾은 정보는 내재적인 동기가 부여되어 찾은 것이기에 자신에게는 단순한 앎이 아닌 지식이 되는 거예요.

**송이맘** 그렇군요.

**민준맘** 스스로에게 가치 있는 지식이죠.

**송이맘** 뭔가 새로워요.

**민준맘** 이해가 잘 되시죠?

**송이맘** 역시 용어를 정의하면서 그 개념을 제대로 알게 되는 것 같아요.

**민준맘** 개념을 제대로 알면 잘못 적용하는 일도 드물어요. 예전에는 '개념의 정의'가 케케묵은 지식 습득의 방법이라고 생각했는데, 당시는 정말 무식했던 시절이라고 생각해요.

**송이맘** 교육을 하려면 교육의 개념을 제대로 아는 것이 중요한 것 같네요.

**민준맘** 교육의 목적에 대해 물으셨을 때, 송이맘이 여러 가지 유의미한 경험을 통해 사고가 깊어지면서 뭔가 더 궁금해진 것이 많아진 것이 아닌가 싶었어요.

**송이맘** 책을 읽으면서 궁금했던 하나의 개념이 이렇게 방대한 내용을 포함하고 있다니 놀라워요.

**민준맘** 앞으로 더 궁금한 게 많아질 것 같네요.

**송이맘** 그러게요. 오늘 이야기 나눈 것들을 곱씹다 보면 다시 궁금한 것들이 생길 것 같아요.

**민준맘** 네, 궁금증이 생기면 아무 때나 물어보세요.

**송이맘** 네, 감사해요.

**민준맘** 시간 날 때 또 논의해 봐요. 아주 유익했어요. 감사해요.

## 송이맘의 생각

동네 엄마들과 쇼핑을 하러 가면 같은 장소에 가서 같은 것을 보고 물건을 살 때에도 안목이라는 것이 매우 중요하다는 것을 느끼게 된다. 다른 사람이 고른 옷을 보면 '저런 옷이 있었나?', '나는 왜 못 봤지?'라고 생각할 때가 종종 있다. 아마도 많은 옷이 있었지만, 자신에게 잘 어울리는 옷을 고를 수 있었던 것은 자신의 몸매에 대한 장단점을 잘 알고, 옷을 많이 골라본 경험에서 온 결과가 아닐까?

교육에서도 마찬가지인 것 같다. 나의 상황에 맞게, 내가 무엇을 잘하는지, 무엇을 좋아하는지 알고 있는 상황에서 유의미한 경험이 풍부하게 더해져야 안목을 가질 수 있다는 생각이 든다.

# 학교는 어떤 역할을 하는가?

우리는 학교에 무엇을 기대해야 하나?

**송이맘**  아까 나눈 이야기들을 곰곰이 생각해 보니 공교육 시스템에서 아이
들에게 유의미한 경험을 시켜주는 것이 최상일 것 같아요. 어떤 상
황에 있는 아이들이든 '학교'라는 곳을 다니고 있으니까요.

**민준맘**  방과 후 수업 등의 방법이 좋겠죠. 어차피 교육과정 자체를 바꾸는
건 쉽지 않아요. 누구 한 사람의 힘으로 되지 않고, 무엇보다 전체를
조망하는 눈을 가진 사람이 없으니 말이에요.

**송이맘**  아무래도 한계가 있겠네요.

**민준맘**  그리고 공교육의 근본적인 한계는 아이들마다 흥미와 호기심 영역
이 다르다는 거예요. 게다가 아이들에게 공통적으로 유의미한 경험
을 깔아줄 수는 있겠지만, 그 안에서 개개인이 받아들이는 것이 달
라서 그 이후의 경험으로 이어가도록 하기가 어렵죠. 예를 들어, 스
포이트로 물을 옮기면서 부피와 질량을 배웠다고 한다면 그 이후에

아이들은 그 활동을 토대로 다음에 원하는 활동이 다를 수 있어요.

**송이맘** 맞아요. 저도 처음에는 그게 어떤 활동인지 잘 이해하지 못했어요.

**민준맘** 그냥 그 활동에서 머무는 아이도 있고, 물에 색소를 타서 스포이트로 색물을 섞어 보려고 하는 아이도 있고, 스포이트로 물을 뿌리면서 물총을 만들고 싶어 하는 아이도 있을 것이고, 스포이트를 잘라 보려고 하는 아이도 있을 거예요. 그게 자신이 가지고 있는 지식의 구조인 셈이죠.

**송이맘** 정말 다양하네요.

**민준맘** 그래서 공교육에서 지금처럼 지식의 양을 늘리는 데 집중할 것이 아니라 초등학교 때는 다양한 활동을 하도록 배려하고, 중학교부터는 자신이 원하는 기본적인 학습을 선택하도록 하는 것이 필요하다고 봐요. 앞의 예에서 스포이트로 할 수 있는 것을 다 다르게 말했는데, 이에 따라 각자 활동으로 할 수 있는 공간을 제공한 후에 서로 발표하면서 다양한 관점을 이해할 수 있지 않을까요? 또 각자가 발표한 내용 속에 담긴 지식에 대해 서로 피드백을 해주면서 생각의 폭을 넓힐 수 있을 거예요.

**송이맘** 아, 그렇군요. 평가가 바뀌어야 하는 군요.

**민준맘** 그런데 지식을 평가하고, 평가를 받기 위해 공부하다 보니 생각하는 시간을 늘려주는 것이 어려운 현실이 되어 버렸죠. 그리고 저는 초등학교 때는 꼭 평가를 해야 하나 싶어요. 중학교 때라면 몰라도, 지식을 평가 받고, 점수를 매기다 보니 아이들은 지식을 늘리는 것이 학습이라고만 생각하게 되죠. 그런데 문제는 어릴 때부터 이러한 주입식 교육을 받고, 평가를 받으면서 더 좋은 평가를 받기 위해 사교육을 받게 되는 아이들이 많아졌다는 거예요. 그러다 보니 아이디어를 내고 발표하는 것보다 그냥 강의해 주면 듣고 적는 것을 더 좋아하도록 습관화되어 버렸죠.

**송이맘** 편하니까요, 쉽고 편해요.

**민준맘** 그리고 솔직히 궁금한 게 없다는 것이 문제예요. 어릴 때는 자기가 뭔가를 해 보려고 하고 궁금한 것도 많잖아요. 걸으라고 시켜서 걷는 것은 아니지만, 걷고 나면 부모는 위험하다는 것을 먼저 가르치죠. 이것은 이래서 위험하고 저것은 저래서 위험하다고요. 그래서 아예 아무것도 탐색하지 못하게 만들기도 해요.

**송이맘** 그렇네요.

**민준맘** 그러니까 호기심, 궁금증 자체가 차단되어 버리죠. 귀하게 자란 아이들은 더더욱 말이에요.

**송이맘** 저도 셋째 아이에게 그런 편인데, 반성해야겠어요.

**민준맘** 저도 셋째는 좀 저돌적인 편이라 제어를 해 주는 것이 좋은데, 그 스타일을 강화해서 북돋워주면 모든 것을 막 하려는 성향을 보여요. 어디까지 제어하고 어디까지 열어줘야 할지가 늘 고민이네요. 그런데 사실 사회에서는 셋째가 둘째보다 더 성공할 수 있어요. 하다가 안 되는 것도 알게 되고, 또 되는 것은 스스로 해서 된 거니까요. 조기 성취 경험을 자신감과 연결하면 자기유능감이 생기겠죠.

**송이맘** 잘 강화시켜야 하는데, 그게 고민이네요.

**민준맘** 우선 저는 그냥 두면 좋겠어요. 뭐든 경험해 보고 이끌어 보고 저질

러 보도록 말이에요. 둘째는 오히려 그런 무모한 것을 안 하니까 둘째 선에서 셋째를 좀 통제하도록 책임을 주는 것도 좋겠죠. 둘째에게 임무가 생긴 거예요.

**송이맘**　저희도 둘째가 저보다 더 셋째에게 잔소리를 많이 해요.

**민준맘**　잘 이행하기 위해서 머리를 쓰고 고민하겠죠. 그것도 성장이니까요.

**송이맘**　본인이 보기에는 뻔히 안 되고 이상한데 자꾸만 한다고 하니까요.

**민준맘**　그래서 잔소리를 계속 하게 되는데, 동생이 바뀌지 않으면 왜 안바뀌는가에 대해 생각하면서 둘째도 자연스레 사고력 계발을 하게 되는 거죠.

**송이맘**　그렇군요.

**민준맘**　그럼 방법을 바꿔보게 되는 거예요. 그게 다 문제 해결력을 기르고 메타인지를 높이는 훈련이죠. 리더십도 길러지고요.

**송이맘**　단순히 학습에서만 쓰이는 것이 아니네요.

**민준맘**　네, 저는 형제자매를 통해 또래간에 성장하면서 학습하는 것이 부모보다 더 아이들에게 큰 영향을 준다고 생각해요.

**송이맘**　다 알고 있던 건데 이렇게 재정의해서 들으니 또 새롭네요.

**민준맘**　자녀가 많을수록 아이들은 메타인지가 더 계발된다고 생각해요. 우선 더 다양한 문제 상황을 경험하고 더 많은 대화를 하면서 생각할 시간이 늘어나니까요. 그리고 또래간에는 동갑이니까 본인이 상황 안에서 조절할 수 있는 주체가 될 기회가 생기는데 그것이 바로 리더 훈련이죠. 자신이 상황을 바꿀 수 있는 권한 말이에요.

**송이맘**　그렇네요, 리더 훈련!

**민준맘**    부모와 있으면 아무래도 부모의 선택을 따르게 되거든요.

**송이맘**    아무래도 그렇겠죠.

**민준맘**    생각하는 수준에서 차이가 많이 나니까요. 부모의 생각을 주입받게

되지만, 또래나 형제자매간에는 차이가 별로 없어요.

## 송이맘의 생각

지금 우리의 아이들은 학교라는 교육기관을 통해 지식을 쌓아가고 있다. 거의 대부분의 부모들이 아이를 학교에 보내는 이유는 교육을 통해서 부모보다 더 나은 삶을 살게 하기 위함일 것이다. 하지만 얼마나 많은 아이가 학교를 통해 유의미한 경험을 하고 지식을 쌓아가고 있을까를 생각해 볼 때 물음표를 찍을 수밖에 없다. 저마다 생각의 수준이 다르고, 받아들이는 속도가 다른데, 같은 것을 같은 속도로 주입하고 있기 때문에 문제에 부딪히는 것 같다.

우리 송이의 학교생활을 보면 학교에서 배우는 주요 과목들을 이해하기 위해서 방과 후에 학원을 돌아다니며 시간을 보내고, 그 이후의 시간들은 또다시 독서실에 가서 늦은 시간까지 학교숙제와 학원숙제를 하느라 시간을 보낸다. 자신이 무엇을 좋아하는지, 무엇을 잘 하는지 생각해 볼 겨를도 없이 시간이 흐르는 것을 보면 안타깝다. 자신의 존재감도 느낄 시간이 없는 송이는 과연 지금 무슨 생각을 하고 있을까?

열 번째 톡.

# 동료, 또래학습이
# 중요한 이유가 무엇인가?

형제자매가 있으면 외동보다 사고력이 더 성장하는가?

**송이맘**    부모는 그동안 쌓아서 알게 된 경험을 가르쳐주는 것이고, 또래나 형제는 자기들 수준에서 함께 경험하면서 서로 알아가는 거라서 그런가 봐요.

**민준맘**    그리고 리더 역할을 서로 바꿔 볼 수도 있어요. 예를 들어, 로봇 조립을 할 때는 민준(첫째)이가 리더가 되고 유빈(둘째)이가 조력자가 되기도 하고, 보드게임을 할 때는 유빈이가 리더, 민준이가 조력자가 되곤 하거든요. 자기가 자신있는 영역에서 리더가 되고, 또 때로 서포터즈(조력자) 역할도 경험할 수 있는 것이죠.

**송이맘**    그렇군요.

**민준맘**    그런데 이때 리더와 조력자 역할 사이에 수준 차이가 그리 많지 않기 때문에 함께 경험하면서 돕기도 하고 탐구하고 대화하면서 전략을 짜는 것이죠. 그게 다 성장이에요. 서로 아이디어를 계속 내서 놀거리를 찾고 놀아보는 거죠. 어른이 아이들의 체력처럼 놀아주다가는 병나지만 둘이 노니까 아무래도 서로 생각하는 시간이 많은데, 반면 혼자 있는 아이들은 여러 가지로 사람과의 의사소통의 경험치가 적을 수밖에 없어요. 또 과잉보호를 받게 될 가능성도 많다 보니 소근육 발달이 늦어지죠. 어른 사이에서 귀하게 성장하는 것이 오히려 아이들의 성장을 저해하는 것 같아요.

**송이맘** 성장이란 것이 정말 방대한 면에서 이루어지는 것이군요.

**민준맘** 자기가 스스로 성취해 본 경험 없이 어른이 되고, 또 혼자라 과잉보호와 기대를 받게 된 것이 부담스럽겠죠. 정말 생활 하나하나가 성장이에요. 성장의 환경이 되는 거죠. 그래서 어릴 때부터 습관에서부터 하나하나 길러주는 것이 중요해요. 아이가 커가면서 모든 상황에 부모가 함께할 수 없으니까요. 저도 요즘 그것을 고민하고 있어요.

**송이맘** 요즘처럼 외동이 많은 때에 성장의 환경에 대해 고민해 봐야 한다니, 정말 많은 것을 생각하게 되네요.

**민준맘** 외동이라도 잘 자라는 아이들이 있잖아요. 그런데 한 명뿐인 자식의 장래에 자신의 인생을 걸고 몰입하는 부모들이 많다 보니 자식의 일에 일희일비하게 되는 거죠. 내 아이를 이기적으로 챙기다 보니 비정상적인 사고를 하는 부모들도 늘고 있고, 자식을 맘대로 컨트롤하려고 하는 거예요.

**송이맘** 한 명의 자식에게 자신의 모든 것을 걸기 때문에 간절하겠죠. 우스

갯소리로 외동아이를 키우는 초등 엄마들이 아이들의 받아쓰기 점수에 웃고 운다는 이야기도 있어요.

**민준맘**   하나만 낳는 이유부터가 자식 하나에게 올인해서 잘 키워 보겠다는 거겠죠. 나눠서 가지면 투자 금액이 반으로 줄어드니까요. 그러다 보니 집착이 더 심해지죠. 최근에 들어서 인성교육을 이야기하는데 그럼 아이가 어릴 때 어떻게 교육하는 것이 제대로 하는 것인지 고민이 되죠. 그것을 잘 잡아 주면 그 이후부터는 그 틀에 맞춰 방향을 잡아 잘 성장할 텐데 말이에요. 어릴 때 우리나라에서 하는 것은 조기 영어교육, 조기 한글교육 그런 것들뿐이잖아요.

**송이맘**   저도 외동으로 자랐어요. 삶을 되돌아볼 때 저는 3세까지 모든 인격이 형성된다는 말이 맞는 것 같아요.

## 송이맘의 생각

보드게임을 배울 때 강사로부터 질문을 받은 적이 있었다. "어떻게 인성을 키울 수 있다고 생각하나요?" 거기에 나는 "자녀를 많이 낳아서 서로 부딪히면서 배우게 해요."라고 대답한 적이 있다. 그때 사람들은 나를 의아한 눈빛으로 쳐다보았다. 하지만 요즘은 인성도 학원에서 상황을 설정해 놓고 '너라면 어떻게 했을 것 같니?'라는 질문을 하면서 배우는 상황이니, 내 대답은 참 생각 없는 사람의 우스운 말에 불과했던 것 같다. 이렇게 배우면 과연 인성을 갖출 수 있을까? 왜 부모들은 이런 것들을 책에서 또는 학원에서 배워야 한다고 생각하는 것일까?

민준맘은 또래간의 관계를 통해 서로 성장할 수 있고, 리더십을 키울 수 있다고 했다. 나는 지금까지 성장은 학습을 통해서만 이루어질 수 있다고 여겼고, 리더십은 단체 생활이나 모둠수업 또는 캠프 등을 통해서만 키워진다고 생각했다. 하긴 옛날에는 모르는 것이 있으면 형이나 누나들에게 물어보면서 해결했다. 아무래도 부모님이 바쁘셔서 그랬겠지만 말이다. 지금은 어쩌면 몇 안 되는 자녀들의 모든 생활을 부모가 알고 개입하면서 아이들이 생각의 단계를 거쳐 지혜를 얻기까지의 과정이 사라지고 결과만 얻는 상황을 만든 것이 아닐까. 나도 아이들을 볼 때 이런 의미에서 한 쪽 눈은 감아볼까?

열한 번째 톡.

# 왜 정서적 지지가 중요한가?

어릴 때의 정서 형성을 어떻게 해야 할까?

**민준맘**  36개월 정도면 아이들의 머릿속에 어떤 사고의 틀이 만들어지죠.

**송이맘**  그때 양육자로부터 풍부한 사랑과 지지를 받으면 세상을 긍정적으로 바라보는 시선도 기본적으로 생기겠죠?

**민준맘**  정서적 지지자를 잘 만나야 하는 거죠. 정서적 지지자는 꼭 부모가 아니어도 돼요. 할머니도 가능하고 누구나 될 수 있어요.

**송이맘**  그것이 세상을 살아가는 데 있어서 실패에 허덕이지 않고 헤쳐나올 수 있는 힘이 되는 것 같아요.

**민준맘**  네. 어릴 때 양육자가 바뀌거나 배변 훈련 때 학대를 받게 되면 그것도 개인의 존재감을 위태롭게 만들어요. 특히 배변 훈련에서 수치심을 느끼게 되면 성인이 되어서도 자존감이 낮대요. 흥미롭죠?

**송이맘**  그렇네요. 무척 흥미롭네요. 무엇보다도 살면서 배운건데 말이에요.

**민준맘**  양육자가 바뀌거나 사라져서 애착 형성이 제대로 안되면 불면증이

나 우울증, 상실감이 생기기 때문이래요.

**송이맘** 예나 지금이나 사람 사는 것이 모두 똑같다는 생각이 드네요.

**민준맘** 네. 변한 건 없어요. 그저 상황이 바뀐 것뿐이죠. 오히려 자연스럽던 것이 부자연스럽게, 인위적으로 조절되면서 문제가 생기는 것 같아요. 병도 많이 생기고요.

**송이맘** 요즘 흙수저, 금수저 이야기를 많이 하잖아요. 예전에 할아버지의 재력, 아빠의 무관심, 엄마의 정보력이 교육에서 제일 중요하다고 했는데, 요즘은 그 정도가 더 심해진 것 같아요.

**민준맘** 그래서 다 내려놓고 다시 자연으로 돌아가자는 사람도 많아요. 그런데 그것보다는 더 성장하면서 문명을 누리고자 하는 사람이 많은데 왜 그렇다고 생각하세요?

**송이맘** 환경을 바꾸면 문제가 해결된다고 생각해서 그렇지 않을까요?

**민준맘** 그런 긍정적인 사고가 본능이기도 하죠. 원래 사람이 태어나서 자발적으로 학습하고 걷고, 뛰고, 배우는 모든 것이 다 본능이에요. 결국 발전하려고 하는 것이 본능이죠. 그저 본능에 충실하면서 사는 거예요. 더 배우고 새로운 것을 탐구하려는 본능! 동물들에게도 그런 본능이 있다잖아요.

**송이맘** 본능에 충실하고 싶은데 도시에서는 안 되니까 원시적인 자연을 선택하는 건가요?

**민준맘** 그건 개개인의 가치관에 따라 다르죠. 자연으로 돌아가서 새로운 영역으로 발전한다고 볼 수도 있지만 갑자기 환경을 바꾸는 것에 회의감을 느끼거나 절망, 회피하려는 사람도 많겠죠. 문명을 버리고 자연으로 돌아간 사람도 있기는 해요.

**송이맘** 뭔가 흑백논리 같아요.

**민준맘** 흑백논리보다는 가치가 다른 거죠.

**송이맘** 발전이라는 것은 자신이 계속 해 오던 것이잖아요.

**민준맘** 현재를 부정하게 되는 것일 수도 있고요. 결국 개인의 가치관에 따라 선택하는 거죠. 그런 것을 뭐라고 할 수는 없지만 진짜 흑백논리는 문명을 거부해서 종말을 이끌어 내려는, 예를 들어 바이러스를 퍼트리려는 음모, 자살폭탄 테러 등이겠죠.

**송이맘** 아, 그렇네요. 극단주의자들!

**민준맘** 예전에 영화 〈12몽키스〉를 봤는데, 종말론자인 과학자들이 바이러스를 만든 후 비행기에 타서 전 세계를 바이러스에 감염시켜 종말로 이끌려는 내용이었어요. 그런 식의 극단도 어느 순간에 나올 수 있죠. 요즘 미국대학에서 총기난사가 일어나는 것도 저는 같은 맥락이라고 봐요. 자신의 존재를 강하게 확인하고 죽는 거죠. 자신의 존재를 부정했던 사람들을 처형하면서, 비로소 그 순간에 자신의 나약함을 깨닫고 자살하는 것이죠. 앞으로 테러와 자살은 더 많아질 거에요. 테러는 현실을 부정하는 방식으로, 자살은 자기 자신의 존재에 대해 부정하는 방식으로 나타나겠죠. 정말 슬픈 일이에요.

요즘 자살방지 앱을 만들자는 아이디어가 많은데 결국 교육이나 모든 문제에서 가장 좋은 해결 방안은 근본적인 문제를 해결하는 거에요. 겉으로 보여지는 현상만 보고 이것을 어떻게 빠르게 해결할지에 (감추려고도 하는지에) 집중하다 보니, 본질적인 문제 해결이 안되어 계속 미해결 문제로 남게 되고 말죠. 이건 정말 눈 가리고 아웅하는 격이에요. 당장에 닥친 현실만 모면하려고 하는 거죠.

**송이맘** 흠, 안타까운데요. 여러 가지가 결부되어 있는 문제로군요. 그럼 자신의 존재를 표출하려는 사람들 중에서 정서적으로 약하기 때문에 임팩트 있게 자신을 표현하려고 하는 경우도 있을 수 있는 건가요?

**민준맘** 메타인지가 낮은 경우라고 생각해요. 자기 자신에 대해서도 모르고, 남에 대한 것도 모르고, 세상에 대한 것도 모르는 거죠. 그 상태에서 자신이 뭘 모르는지, 이러한 상황이 온 근본적인 원인도 못 찾고 말이에요. 그런 사람들은 엉뚱하게도 남을 탓하기만 해요. 자기 탓은 없죠. 논리도 약하고, 정서적으로 약해서 무시를 당하지만 자신의 존재가 분명히 있고, 자기는 절대 약하지 않다고 생각해요.

**송이맘** 우리가 흔히 생각하는 정서적인 부분이 메타인지에 속하는 건가요? 아니면 서로 다른 개념인가요?

**민준맘** 총기난사 사건의 경우 괴로움의 원인인 그 사람들을 쏜 그 순간에 그 상황이 두려워서 자살하는 거라고 해석돼요. 그 상황 또한 감당이 안되는 거죠. 정서적인 부분은 메타인지와도 관련 있어요. 극도의 분노랄까요.

**송이맘** 그것도 인지와 관련이 있군요.

**민준맘** 분명 분노의 원인이 있잖아요. 그런데 그 원인을 엉뚱한 데서 찾아요. 거의 남을 탓하죠.

**송이맘** 아, 그러게요.

**민준맘** 예를 들어, 공부를 못하는 아이가 자기 엄마가 자기를 잘 못 키워서 공부 못한다고, 어릴 때 과외 등 사교육을 안 시켜줘서 못한다고 핑계를 대는 것과 같은 거예요.

**송이맘**   아, 이해가 확 되네요.

**민준맘**   엄마가 그와 비슷한 이야기를 하는 것을 들었을 수도 있어요. 엄마가 정보력이 낮아서 그렇다며 자기 탓을 하기도 하지만, 그 엄마도 옆집 철수 엄마가 자기한테만 안 가르쳐주고 철수만 몰래 시켜서 잘된 거라고 생각하죠.

**송이맘**   배신감이네요!

**민준맘**   그래서 철수엄마와 원수가 되는 상황이에요. 이해가 되세요? 그 아이도 나중에는 철수와 철수 엄마를 원망하게 돼요.

**송이맘**   이렇게 들으니 이해가 확 되네요.

**민준맘**   '철수 엄마가 왜 안 가르쳐 줬을까?' 혹은 '우리에게 그 교육이 필요한 것일까?', '그때 그 교육을 받았다면 지금 상황을 바꿔 놓았을까?' 등을 생각하죠.

**송이맘**   이런 것들이 또 남의 자식을 원망하고 미워하게 만드는 기현상으로도 연결되는 거네요.

**민준맘**   바로 그 점이에요. 현실인식을 제대로 못하는 것이죠. 그러니 항상 불안하고 분노하며, 주변에 원수만 있고, 입장을 바꿔서 생각할 줄도 모르고 자기만 옳다고 여겨요.

**송이맘**   결국 문제의 원인과 결과를 잘못 이해하는 거네요. 메타인지라는 것이 지식적인 부분에서만이 아니라 삶 속에서 문제를 발견하고 해결하는 모든 과정에 적용되나 봐요.

**민준맘**  그렇네요. 결국 지식도 생활 속에서 평생 계속 늘어가잖아요.

**송이맘**  우와, 신기하네요. 진짜! 대화를 나누다 보니 마치 책 몇 권을 읽은 것 같은 느낌이 들어요. 그리고 저에게 질문을 던져주신 것들이 평소에는 한 번도 생각해 보지 않았던 것들이라 생소하고 어렵지만 자꾸 되뇌이면서 생각하게 되네요.

**민준맘**  그래요? 다행이네요. 더 재미있는 이야기가 많아요.

## 송이맘의 생각

'인지'라는 것은 '어떤 사실이나 개념을 알다'라는 뜻이고, '메타인지'는 '초인지'라는 것으로 '자기 자신이 무엇을 알고 무엇을 모르는지를 아는 것'이라고 정리할 수 있겠다. 그런데 이렇게 '안다'라는 개념이 학습에서만 이루어지는 것이 아니라 삶 전체에서 이루어지고 있다는 것이 새롭다.

사실 인생을 살다 보면 순간순간 선택하고 결정하며 문제를 해결해야 하는 순간이 온다. 그런데 결정을 하고 문제를 해결할 때 초인지를 발휘한다면 모든 면에 있어서 효율적일 것 같다. 내가 자녀들을 이렇게 공부시키는 것도, 단순하게 지식을 배우라고 하는 것보다는 궁극적으로 부모인 나보다 더 잘 살았으면 하는 바람에서 교육에 아낌없이 투자하는 것이 아닌가.

민준맘과의 대화를 통해 궁극적인 삶의 목적이 무엇인지에 대해 고민하게 되었다. 그리고 또 놀라운 경험을 하게 되었다. 바로 민준맘이 내게 질문을 계속 던지면 내가 그렇게 하려고 애써 노력하지 않아도 자연스럽게 머릿속에서 생각하게 되는 것이다. 그럼 아이들에게도 질문을 던져주면 나처럼 자연스럽게 생각을 하게 될까? 질문이라는 것이 아이들에게 생각하는 약이 되었으면 좋겠다.

열두 번째 톡.

# 우리는 변화가 두려워
# 듣고 싶은 이야기만 듣는 건 아닌가?

교육이든 사회든 요즘은 변화를 두려워한다!

**민준맘**  참, 주변에 아무리 좋은 이야기를 많이 해줘도, 오히려 날 이상하게 보거나, 자신의 생각을 계속 고수하기만 해서 생각을 바꾸기 어렵다고 느낀 적이 있으세요?

**송이맘**  네! 오히려 공격의 대상이 되는 경우도 있어요. 저도 상담할 때 엄마들에게 많은 이야기를 하는데, 엄마들은 고개는 끄덕이는데 행동에는 변화가 없는 경우를 많이 봐요.

**민준맘**  눈빛을 보면 알죠?

**송이맘**  그렇죠. 진짜 공감인지 그냥 액션인지 알죠.

**민준맘**  진정한 교육으로 플라톤의 '동굴의 비유'를 들 수 있어요. 동굴 안의 사람이 동굴 밖의 세계에서 태양, 즉 좋음의 이데아를 인식하는 것으로 끝나지 않고, 아직 진리를 깨닫지 못한 동료 죄수들을 생각해 내고는 그들을 불쌍하게 여겨서, 다시 동굴 안으로 귀환하게 돼요. 하지만 동굴 안에 있던 사람들은 그가 동굴 밖으로 나가서 눈을 버렸다고 하면서, 자신들을 빛이 있는 동굴 밖으로 인도하려는 사람을 어떻게든 경계하죠. 플라톤은 여기서 진리를 인식한 사람은 단지 자신뿐 아니라 다른 사람들의 행복을 위해서 자신이 인식한 것을 가르쳐야 하는 의무가 있다고 말하고 있어요.

**민준맘**  송이맘이 아무리 좋은 이야기를 해도 받아들일 준비가 안되어 있다면, 오히려 비난과 공격의 대상이 될 수 있다고 말씀하신 이유가 여기에 있어요.

**송이맘**  우와, 그렇네요.

**민준맘**  많은 교육 관련 전문가들이 교육에서 어떤 것이 가치로운가, 어떻게 세상이 변할 것인가 등에 대해 고민하고, 미래 지향적으로 교육을 바꾸려 하고 있어요.

**송이맘**  하지만 변화가 두렵고, 아이는 모범생이고, 현재 그나마 아이의 진로를 제대로 설정했다고 생각하는 엄마는, 예전처럼 학력고사를 봤으면 좋겠다고 말하더라고요. 요즘 입시가 너무 어렵다고, 너무 경우의 수가 많아서 복잡하고, 운도 많이 따라야 하는 것 같다고요.

**민준맘**  입시는 획일화된 교육의 방향을 다양성을 강조하는 방향으로 바꾸기 위해서라도 미국처럼 입학사정관제를 완성하는 것이 낫다고 봐요. 창의성을 키워야지 계속 지식만 쌓는다고 새로운 아이디어가 나오겠어요?

**송이맘**  평생 새로운 아이디어를 산출하고, 공부하며, 새로운 직업을 일궈야

하는 미래에 우리 아이들이 살게 되겠네요.

## 송이맘의 생각

플라톤의 동굴의 비유는 대학교 때 어렴풋이 들었던 기억이 난다. 그
때는 어렵게 외워야만 하는 하나의 개념에 불과했다. 그런데 신기하
게도 민준맘과 이야기를 나누다 보면 이런 고리타분한 이론들이 살아
움직여 나에게로 다가온다. 부모는 자녀의 입장에서 보았을 때 동굴
밖의 빛을 본 사람들이다. 그런데 바깥 세상에서 본 빛을 좋은 것이라
고 판단했기 때문에 본 것을 모두 이야기해 주고 싶어 한다. 하지만 그
렇게 한다면 부모는 질타의 대상이 될 뿐 아니라 그 빛을 함께 볼 수 없
게 된다.

빛을 본 사람일수록 동굴 안으로 다시 들어가 어둠에 적응하면 더욱
잘 볼 수 있다고 했다. 그렇다면 부모는 자녀와 동화되어야만 아이와
함께 밖으로 나와 빛을 보면서 웃을 수 있을 것이다. 이것이 아이가 사
춘기를 잘 넘기게 하는 열쇠이지 않을까? 나도 나의 자녀들과 함께 내
가 보았던 밝은 빛을 보고 싶다. 그렇다면 나는 어떻게 해야 할까?

열세 번째 톡.

# 평생학습, 어떻게 시키나?

평생학습에는 학습 몰입의 원리를 적용해야 한다!

**송이맘** 민준맘과 이야기를 나누면서 신기한 것은 자꾸 질문이 터져 나온다
는 거예요.

**민준맘** 아주 좋은 현상이에요.

**송이맘** 민준맘과 이야기를 나누기 전까지 저는 모든 것을 그냥 받아들이는
편이었거든요.

**민준맘** 질문과 토론은 가장 좋은 메타인지의 발전 기술이에요. 질문은 그
동안에 있어 왔던 인지체계에서 해결이 안 되는 문제들이 머릿속에
떠오르기 시작한 것이죠.

**송이맘** 자꾸 용어 정의를 생각하고, 개념을 쪼개서 생각해 보게 돼요.

**민준맘** 피아제는 그것을 인지갈등이라고 했어요. 알고 있는 수준에서 이해
가 안 되는 것이죠.

**송이맘** 그런데 이게 다 하브루타를 하면서부터 시작됐어요.

**민준맘**  아, 그렇군요. 나만의 내재적 지식을 확대해 나가는 방법으로 알게
되는 것이 가장 좋은 학습법이죠. 잘 되셨어요.

**송이맘**  신기해요.

**민준맘**  그런데 하브루타가 그런 사고 패턴을 만들었다고 생각하는 이유는
뭔가요? 지금 송이맘이 변화된 원인을 하브루타에서 찾은 이유가 뭐
죠? 자세히 설명해 주세요.

**송이맘**  디베이트를 배울 때 질문을 만드는 법을 배웠어요. 거기에서는 사실
적, 추론적, 적용적 질문을 만들라고 했는데, 하브루타는 그냥 무작
위로 질문을 만들어 답을 찾아가는 방식이었죠. 질문을 막 만들다
보면 질문이 계속 생각나고 그러다 보면 답이 궁금해져서 찾아보게
되고 물어보게 되죠.

**민준맘**  네. 그런데 질문에도 나름 순서가 있고 인과관계가 있잖아요. 지금
제게 하시는 질문들도 물론 제가 이끌어 가는 것도 있겠지만 잘 생
각해 보면 여러 가지 학습들이 사고의 단계를 한 단계 더 높인 것의
결과예요. 하브루타 학습, 보드게임, 독서와 같은 것들이죠.

**송이맘**  네. 질문이 자꾸 꼬리에 꼬리를 물고 생겨나요. 이게 정말 신기하게
느껴지더라고요. 이제 뭔가가 터져나오는 것 같은 느낌이랄까요?

**민준맘**  그게 바로 유의미한 경험들이에요. 그리고 알아갈수록 행복하고 즐
겁죠?

**송이맘**  그랬군요.

**민준맘**  더 궁금한 게 많아지고요.

**송이맘**  네, 즐거워요.

**민준맘** 몰랐던 것을 알게 되었는데, 더 모르는 것이 많이 생기죠? 그리고 내가 모르는 것들이 정말 많다는 것도 알게 되고요. 또 그것을 탐구하면서 설레기도 할 거예요.

**송이맘** 맞아요. 궁금한 것들이 막 생겨나요.

**민준맘** 그게 몰입이에요. 그것이 진정한 학습이고, 이를 통해서 내재적인 지식이 쌓이게 되죠. 어려운데 재미있고 학습에 몰입이 일어나면 얼마나 효율이 높겠어요. 그리고 이게 진정한 평생학습의 메커니즘이라고 할 수 있어요.

**송이맘** 그러게요. 즐겁게 학습하다 보면 신나고 그러다 보니 효율도 높아지는 거겠죠.

**민준맘** 자발적으로 평생학습하면서 성장하고 행복해지는 것이죠.

**송이맘** 사실 제가 이런 고민을 하게 된 건 R&E 수업을 할 때부터였어요.

**민준맘** 그 과정에서 자신이 몰입한 영역에서 창의적인 산출물이 나오는 단계가 와요. 그런데 어떻게 보면 쓸 만한 창의적 산출물이 나오는 사람한테만 다 나오고, 안 나오는 사람한테는 안 나오는 경우가 있는데, 그것은 사고 단계가 다 달라서 그래요. 말콤 그래드웰의 '1만 시간의 법칙' 아시죠?

**송이맘** 네.

**민준맘** 그 상태로 살면 그 해당 영역에서 경지에 올라요.

**송이맘** 저는 계속해서 질문하고 찾아가는 시간들을 몇 년 더 보내야겠네요. 그런데 이런 것을 누군가와 이야기하고 바로바로 답변을 듣는 것이 중요할 것 같아요.

**민준맘**  하지만 일반적인 상황에서는 대체로 불가능해요. 그래서 스스로 정
보를 찾아보고 콜라보레이션을 통해 함께 찾아가야 하는 것이죠.

**송이맘**  정보를 찾아보고 내 생각이 맞는지 확인하려면 어떻게 해야 할까요?

**민준맘**  맞고 틀리는 것은 없는데 내 의견을 지지해주는 이론과 그것을 만든
학자는 찾을 수 있어요.

**송이맘**  우와, 정말요?

**민준맘**  찾고 나면 정말 나와 비슷한 생각을 한 사람이 있다는 것이 가슴 설
레게 만들죠.

**송이맘**  연신 감탄이 나올 뿐이네요.

**민준맘**  그 사람들이 우리가 지금 찾은 플라톤이거나 시대를 거슬러 가치 있
는 진리를 만든 이론가들이라면, 그들의 이론으로 내 생각을 지지할
수 있다는 것이 더 없이 행복할 거예요. 만일 제대로 된 생각인지 모
르겠다면 일단 메모해 두세요. 또 다른 영역을 탐구하다가 아주 우
연히 그 생각이 바뀔 수도 있고, 보완될 수도 있어요.

**송이맘**  여기서도 지지자가 등장하는 군요.

**민준맘**  또 그 생각이 정말 맞다는 확신이 들기도 하겠죠.

**송이맘**  저는 일단 우리가 나눈 이야기를 정리해 봐야겠다는 생각이 들어요.

**민준맘**  그런데 그 생각이 맞았다는 확신이 들게 되고 거의 맞아 들어갈 때
가 있는데 그건 정말 경지에 오른 것이나 마찬가지예요.

**송이맘**  그렇군요.

## 송이맘의 생각

"나는 땀을 잘 안 흘려."라고 말하는 사람들이 있다. 그런데 그런 사람도 운동을 시작하고 나면 얼마 지나지 않아 땀을 흘리고, 나중에는 조금만 운동을 해도 땀구멍이 열려 노폐물이 금방 빠져나가게 되는 것을 볼 수 있다. 나는 원래 질문이 없는 사람이었다. 그냥 누군가가 알려주면 그런가 보다 하고 그냥 받아들였다. 그러다 보니 내 안에 지식을 쌓아갔지만, 그것이 남아 있지는 못했다.

그런데 갑자기 질문을 던지기 시작하면서 뒤이어 질문들이 계속해서 쏟아져 나왔다. 나도 질문 구멍이 열리게 되었나 보다. 신기한 것은 질문을 하고 답을 찾기 위해 생각할수록 더욱 빠져들면서 신나고 가슴 설레게 몰입되는 경험을 하게 된 것이다.

송이의 어린 시절을 생각해 보면 쉴 새 없이 나에게 질문을 던지곤 했다. 그때는 몰랐는데, 지금 돌이켜 보니 그때가 알아가는 즐거움을 느끼는 시기였나 싶다. 신나게 함께 맞장구를 쳐주지 못했던 것이 못내 아쉬워진다. 송이가 어릴 때는 일도 안했는데 혼자 집에 있으면 왠지 공허해서, 억지로 아이를 데리고 나가 주변 엄마들과 수다를 떨며 시간을 보냈다. 이제 중학생이 된 우리 송이! 다시 한 번 우리 송이의 질문이 터지게 하는 방법이 없을까?

열네 번째 톡.

# 창의성이란 무엇이고,
# 어떻게 계발되는가?

유레카와 세렌디피티, 창의성으로 미래를 설계해 보자!

**송이맘**  그럼 창의성은 뭔가요?

**민준맘**  생각 이상의 생각을 해 내는 단계가 바로 창의성이에요. 계속 한 영
역에 대해 호기심을 가지고 생각하다가 문득 떠오르게 되는 새로운
발견이랄까요? 그런 것이 창의성이죠.

**송이맘**  그런 생각은 어떤 경지에 올라야 나올 수 있나요?

**민준맘**  유레카와 세렌디피티라는 것이 있어요. 예를 들어, 아주 운이 좋게
한 영역에서 어떤 생각의 경지에 이르기도 전에 우연한 발견을 통해
창의적인 산출을 하게 되는 것이죠. 그것이 정말 창의적이었고, 그
것을 뒷받침해 주는 이론이나 원리를 찾는 경우도 있어요. 바로 유
레카죠. 반대로 아주 오랜 기간 연구해서 경지에 올라 그 이상을 알

게 되면서 창의적인 산출을 하는 경우가 있는데, 그것을 '세렌디피티'라고 해요. 유레카는 우연, 행운과도 연결되죠.

**송이맘**  아, 그런 거군요.

**민준맘**  두 가지는 다르면서 또 모두 가능해요. 하지만 몰입하여 어떤 경지에 올라서 행복과 만족감을 느끼더라도 탐구를 멈추지 않고 계속 즐겁게 이어나가는 것이 큰 축복이 아닐까 싶어요. 이런 경우 창의적 산물을 내게 되는 확률이 높아지죠.

**송이맘**  이것이야말로 환경에 지배받지 않는 희열이겠네요.

**민준맘**  자기가 좋아하는 영역에 계속해서 몰입하는 과정이 더 중요하고 그 안에서 행복하고 즐거우면 말씀하신대로 자아실현적 목표로 성장하게 돼요. 그렇게 되면 사회적인 인정이나 실패, 비난 같은 것은 대수롭지 않은 것이 되죠. 머릿속은 계속 바쁘고 새로운 아이디어가 샘솟죠. 실패와 비난은 생각을 재정비할 기회를 줘요. 무언가에 실패하면 인생의 수업료를 지불했다고 생각하라고 한 말도 있잖아요.

**송이맘**  그렇겠네요.

**민준맘**  생각에 빠지면 비로소 자신의 삶을 살게 돼요. 물론 엉뚱한 생각, 현실성이 없는 생각만 하는 사람도 있는데, 방향성을 잘 잡아주고, 안목을 키워주는 것이 교육이겠지요.

**송이맘**  그럼 그것이 바로 정신이 강하고 마음이 부자인 사람인가요?

**민준맘**  그렇죠. 마음에 든든한 보험이 있는, 멘탈이 강한 사람이요. 묵묵히 제 갈 길을 가죠.

**송이맘**  그런 사람이 많으면 좋겠네요. 그 사람들은 좋겠다!

**민준맘** 네. 그런데 유레카, 세렌디피티를 경험한 사람들이 놓치는 것이 있어요. 동굴의 비유 생각나시죠? 동굴에서 빛을 보고 혼자 나가는 것이죠.

**송이맘** 그렇군요. 그래서 만인의 공격이 되나요?

**민준맘** 플라톤의 '동굴의 비유'에서 보면 누군가가 동굴에 두고 온 사람들이 불쌍해서 동굴로 다시 들어와 어둠에 눈을 적응하고, 그 사람들의 수준을 인식하며, 그들이 이해할 수 있는 수준의 비유들을 찾고, 그들을 천천히 설득해서 서서히 동굴 밖으로 데리고 나와야 하죠. 그런데 동굴 밖에서 혼자 책을 써서 들고 들어와 동굴 안의 사람들에게 "이것 봐라." 하는 사람도 있어요. 그래서 수백 년이 지난 후에야 그 책을 발견해서 이해하게 되는 경우도 있죠. 레오나르도 다빈치의 스케치가 조금만 더 빨리 발견되었다면 인류의 산업혁명이 빨리 왔을 것이라는 글을 읽은 적이 있어요.

**송이맘** 동굴 밖에서 빛을 보았다면, 스티브 잡스가 만든 아이패드나 아이폰처럼 동굴 안에 있는 사람들이 쉽게 자신들의 언어로 이해하고 알아듣고, 필요함을 깨닫게 만들 수 있는 매개체가 필요한데, 대부분이 소통과 공감을 놓치고 앞만 보고 달리는 것 같아요.

**민준맘** 선지자들은 행복하게 달리다 보니 혼자 너무 앞서가거나, 2~3년 후의 너무 앞선 아이디어를 내서 사람들을 설득하는 데 실패하기도 하죠. 동지가 없어 고독하고, 사람들을 혼란에 빠뜨려서 사형에 처해지기도 해요.

**송이맘** 떠오르는 사람들이 많네요.

**민준맘** 소크라테스가 사형당한 것도 그런 비슷한 이유 때문이에요. 그리스 아테네가 스파르타와의 전쟁에서 패하여 극도의 혼란기에 빠졌을 때, 그는 아테네 청년들에게 용기를 주며 개혁에 앞장서도록 설득했어요. 쇠락하는 아테네를 '잠드려고 하는 말'에 빗대고, 자신을 '말의 잠을 깨우는 한 마리 등에'로 비유하면서 청년들에게 미래를 보고 떨쳐 일어날 것을 호소했죠. 그런데 기층 세력이 소크라테스가 아테네의 신과는 다른 신을 믿고 청년들을 타락시키려 한다며 민중재판에 회부했고 결국 사형을 집행한 것이죠. 소크라테스는 "악법도 법이다."라고 말하며 독배를 미셨어요.

**송이맘** 소크라테스는 책 한 권을 남기지 않는데 그 정신이 지금까지 이어지니 대단한 분인 것 같아요.

**민준맘** 네.

**송이맘** 저는 제 남편을 보면서도 그런 생각을 참 많이 해요.

**민준맘** 송이아버님은 어떤 스타일인가요? 너무 앞서가는 스타일인가요?

**송이맘** 너무 앞서가서 주변에 함께할 사람이 없다는 것이죠. 예전에는 다른 사람과 너무 다른 생각을 한다고 여겼는데, 송이 아빠가 제품을 개발하면 그 당시에는 큰 인기를 얻지 못해요. 일본에 좀 수출하는 것이 전부죠. 그런데 2, 3년 후에 국내에 유사한 제품이 나와서 대박이 나면 송이 아빠가 많이 속상해 해요.

**민준맘** 앞으로는 송이아버님 같은 분이 빛을 볼 거라고 생각해요. 예전에는 세상이 늦게 변해서 혼자 앞서가는 사람이 외로웠는데 지금은 세상이 너무 빨리 변해서 앞서간다고 생각하다가도 뒤처지거든요. 그러니 송이아버님처럼 냅다 혼자 뛰는 것도 전략이겠네요.

참,《학교혁명》책은 어때요? 다 보셨어요?

**송이맘**  그 이후로 다른 생각하느라 진도가 안 나가요.

**민준맘**  생각이 많아지면 책을 읽는 시간보다 생각하는 시간이 많아져요.

**송이맘**  그러게요. 이것도 새로운 경험이네요.

**민준맘**  그전에는 글을 주로 읽고 이해했다면 지금은 기존의 지식과 연결시키고, 내재화 시키는 데 더 시간이 많이 들 거예요.

**송이맘**  그런가 봐요.

**민준맘**  외운 지식이 아닌 한 번 내 안에서 소화되어 온전히 내 것이 된 지식을 암묵적 지식, 내재적 지식이라고 하고, 인지심리학자들은 장기기억이라고 해요.

**송이맘**  이제부터 꼭꼭 씹는 중이에요.

**민준맘**  내재적 지식, 암묵적 지식 그리고 장기기억이 많을수록 메타인지가 발달하고, 논리적 사고력이 향상되며, 창의성이 발현될 수 있다고 해요.

## 송이맘의 생각

'창의성'이란 엉뚱한 생각을 많이 하는 것이라고 생각했다. 그런데 민준맘과 이야기를 나누다 보니 내가 알게 된 것들 위에 지지하는 이론을 정리하고 그 사실을 바탕으로 그 이상의 생각을 해내는 단계가 '창의성'이라는 것을 알게 되었다.

얼마 전에 둘째 아이가 학교에 탐구보고서를 제출한 적이 있었다. 그런데 선생님은 특별한 형식도 없고 방법도 가르쳐주지 않으면서 자유롭게 탐구보고서를 제출하라고 했다. 아이에게 도움을 주고 싶었지만 어떻게 해야 할지 아이디어가 쉽게 떠오르지 않았다. 앞으로 창의적, 융합적으로 교육 방향이 흘러간다고 하는데 어떻게 대비해야 할지 막막하기만 하다.

그런데 민준맘과의 대화를 생각해 보면 '몰입'이라는 것이 궁금한 것에 대해 탐구활동을 멈추지 않고, 탐구를 계속 진행하다 보면 자연스럽게 내 안에서 아이디어가 생기며 그것이 산출물이 된다고 했다. 그리고 그런 경험들이 쌓이면 자아실현을 목표로 하여 성장하게 되고 예전에 이야기했던 마음부자인 아이, 자기만족이 있는 아이로 성장하게 된다는 것이다. 이런 것이 입시로도 연결되는 다양한 전형도 있다니, 생각만으로도 마음이 부자가 되고, 행복해지는 것 같다.

열다섯 번째 톡.

# 호기심은 어떻게 커지는가?

시대의 변화에 발맞춰 사는 방법은 무엇인가?

**송이맘**　지난번에 나눈 이야기를 정리하다 보니 본능에 대한 것을 이야기했
더라고요. 사람은 본능적으로 호기심을 가지고 태어나지만 여러 가
지 환경에 의해서 사라지게 된다는 것이요. '어떻게 해서 본능이 사
라진 아이를 회복시킬 수 있을까?'라는 궁금증이 생겼어요.

**송이맘**　사실 사람들이 《학교혁명》이나 다른 부모교육서들을 읽는 이유는
지금 내가 키우는 아이가 학습적인 부분이나 정서적인 부분에 문제
가 있기 때문이잖아요. 그런데 대부분의 교육서들은 어그러진 부분
들을 이렇게 하면 재건하여 다시 일으킬 수 있다고 말하죠. 이론을
계속해서 나열하여 책을 볼 때는 희망을 가지게 되지만, 현실로 돌
아와서 내 아이의 상황을 직시하는 순간 실망하는 경우가 더 많은
것 같아요.

**민준맘**　맞아요. 근본적인 해결책은 없고 얄팍한 논리를 펼치죠. 궁극적인

교육의 재건이 아닌 임시방편들을 이야기할 뿐이에요.

**송이맘** 그러니까요.

**민준맘** 그런데 안타깝게도 내 아이의 교육을 재건하기 위해서는 자신의 본
능을 잃고 상처받고 방황한 만큼의 시간과 같은 시간이 필요해요.

**송이맘** 그럼, 그 시간을 부모는 기다려줘야겠네요.

**민준맘** 이미 방향이 틀어진 후에는 방향을 바로 잡아 줘야지, 기다리기만
해서도 안돼요. 수학적 재능이 있었던 아이가 어떤 이유로 재능을
잃었다고 가정해 봐요. 만 10세 이전에는 조금만 노력하면 그 재능
을 다시 살릴 수 있지만 10세 이후에는 이미 그 이전의 학습 경험이
누적되어서 학습 습관이 되고 말죠. 습관은 쉽게 고치기 어려운 법
이고요.

**송이맘** 습관이 되어 버리는 군요.

**민준맘** 수학을 100점 맞고, 틀리지 않도록 훈련하고, 이해가 안 되면 모범답
안처럼 문제를 해결하는 학습 습관이 형성되기 때문에, 수학을 공부
하기는 하지만 재미가 없어서 의무적으로 하게 되죠. 100점이 안나
오면 자신의 재능까지 의심해서 스스로가 더 괴로워질 뿐이에요.

**송이맘** 그렇군요.

**민준맘** 2년간에 걸쳐 수학에 대한 혐오감을 갖게 되었다면, 최소 치유 시간
이 2년은 걸려요. 그런데 먹는 약이 있는 것도 아니고, 한 번 발생된
인식은 쉽게 바뀌기 어렵죠. 특별한 계기를 만들지 않으면 치유가
어려워요. 아주 좋은 수학 교사를 만나게 되었다거나, 아주 흥미로
운 체험을 하거나, 수학으로 문제를 해결한 성취 경험 등이 적절한

시기에 등장해 줘야 해요.

**송이맘**  그런데 대부분의 부모들은 10세 이전에는 자녀가 뛰어나다는 희망을 갖지만, 시간이 지나면서 현실을 인식하게 되고, 10세 이후가 되면서 현실을 바라보며 사이도 멀어지고, 그러면서 자녀들은 더 어긋나는 악순환이 이어지죠. 이 부분을 해결할 수 있는 방법이 없을까 고민하게 되네요.

**민준맘**  어떻게 해결할 수 있을까요?

**송이맘**  일단 해결책을 찾아야 할 아이들은 10세 이후의 아이들인데 말이죠.

**민준맘**  그 아이들은 이제 학습적인 부분뿐 아니라 자신의 인생을 고민하는 문제를 함께 해결해야 하는 타이밍에 접어들었다고 볼 수 있어요.

**송이맘**  다큐멘터리 〈학교란 무엇인가〉를 보니 꿈을 찾는 이야기가 나오더라고요. 자기가 잊고 있었던 꿈을 찾았을 때 가장 동기가 강해지지 않을까 싶은데, 문제는 꿈을 찾기는 찾았는데 어떻게 그것을 이루어 나가야 하는지를 잘 몰라서 아이들이 또다시 고민에 빠지더라고요.

**민준맘**  네. 그렇다면 꿈을 찾는 가장 합리적인 방법이 뭘까요?

**송이맘**  꿈을 찾는 합리적인 방법은 일단 여러 가지를 다양하게 경험하다 보면 알게 되는 경우가 있고, 아니면 관찰자가 잘 관찰하여 그 아이의 재능을 찾아주어서 그것에 몰입하게 도와주는 방법도 있겠죠.

**민준맘**  관찰자요?

**송이맘**  교사나 엄마가 관찰자가 될 수 있지 않을까요? 그래서 아마도 적성 검사 같은 것을 통해서 성향을 분석한 뒤에 진로를 성향에 맞춰 결정하는 것이 아닌가 싶어요. 그런데 아이들을 관찰한다는 것도 관찰자가 관심이 있어야 하는 부분이니까 다른 사람에 의해서 이룰 수 있는 부분이죠.

다양한 경험을 통해서 꿈을 찾는 것은 본인이 직접 경험하면서 느끼는 부분이 있기 때문에 제일 효과적이기는 하지만 시간도 많이 걸릴 뿐더러 판단력이 완성되지 않은 아이들을 과연 부모들이 믿어줄 수 있을까 싶은 생각이 들어요. 지금 방금 든 생각은 부모들에게 미래의 직업에 대한 교육을 시켜서 그 범위 안에서 아이들을 경험시키면 어떨까 하는 거예요.

그런데 메타인지라는 방향에서 보았을 때 그것도 내가 무엇을 좋아하는지, 무엇을 잘하는지에 대한 부분들을 인지하고 있어야 효과적이겠죠. 고민이 다시 앞으로 돌아가게 되네요. 그래도 제일 좋은 방법은 본인이 직접 느끼는 것이죠. 예를 들어 자유학기제를 통해서 정말 다양하고 유의미한 경험들을 시켜주면 직접 깨닫게 되어 제일 빠르게 변화하지 않을까 싶어요.

**민준맘**  그렇죠. 결국 다양한 경험을 스스로 선택해서 하도록 해주어야 해요. 시간이 많은 어린아이 때 수업 시간에 맞춰 이리저리 끌고 다니지 말고, 키자니아 잡월드와 같이 직업체험관을 통해 자기가 직접 선택해서 직업을 체험하도록 기회를 주어야 해요. 꿈은 계속 바뀌기 마련이지만 꿈꾸는 그 순간만큼은 목표가 있는 것이니, 좀 더 효율적으로 자신을 정진해 나가고 노력할 수 있는 원동력이 될 것 같아요.

**송이맘**  중요한 건 직접 선택하도록 하는 것이군요.

**민준맘** 네, 자기선택! 어릴 때 스스로 일어서고, 앉고, 걷는 것을 먼저 선택해서 행동하고 뒤에 부모가 도움을 줬던 것처럼 해야 해요. 자기 결정권[8]을 인정해 주는 것이 필요하죠.

**송이맘** 그 안에는 아이의 생각을 존중하는 기본적인 신뢰가 들어 있네요.

**민준맘** 데카르트가 말한 '나는 생각한다. 고로 존재한다.'이죠. 또다시 존재의 회복으로 돌아왔네요. 아이는 생각하는 존재이고, 아이의 생각을 존중하면 아이는 존재하게 되는 것이죠. 그 안에서 자신의 가치를 찾아 즐거워하고, 자기의 결정과 경험을 존중하며, 그 안에서 성장하게 되어, 자기 인생의 주인공으로 계속 살아갈 수 있게 되는 거에요. 앞으로 다가올 사회에서 사람들은 평생 7번에 걸쳐 직업을 바꾸게 된다잖아요.

7번이나 직업이 바뀌는 것은 그 의미가 하던 일에서 더 파생되는 것이겠죠. 본인이 잘 하고 능숙한 일이라는 일에 대한 본연의 특성은 바뀌지 않지만 시대의 변화에 발맞춰 바꾸는 것이죠.

---

8  《자기 결정 행복하고 존엄한 삶은 내가 결정하는 삶이다》(페터 비에리 저/문항심 역/은행나무) 존엄성을 지키며 행복하게 살아가기 위한 삶의 방식으로 '자기 결정'의 철학을 이야기한다. 상황에 휩쓸리거나 타인에 휘둘리지 않고 모든 삶의 변곡점에서 어떻게 살아갈지 스스로 결정할 때만이 진정으로 행복할 수 있다는 것이다.

## 송이맘의 생각

호기심, 꿈과 같은 단어들은 나에게 막연하게 희망을 준다. 무언가 살아 있는 느낌이라고나 할까? 그런데 그동안 착각한 것이 있었다. 나는 아이들에게 호기심이나 꿈을 심어준다는 명목 아래 내가 원하는 그리고 그때 유행하는 경험들을 시켜온 것이다. 남들이 숲 체험을 시키면 나도 시키고, 역사탐방을 보내면 나도 보냈다. 그 이유는 아이에게 호기심과 꿈을 심어주기 위해서였다. 그래서인지 아이는 체험을 갔다 와도 친구들과 놀았던 것, 아니면 어디에 갔다 왔다는 정도만 기억했다. 돈과 시간을 생각하면 뭐했나 싶기도 하다가도 안 하는 것보다는 낫다며 스스로를 위로했다. 그동안 송이가 왜 그렇게 반응했는지 이제야 그 이유를 알게 되었다. 그것은 바로 내가 아이의 자기결정권을 빼앗아 버렸기 때문이다.

송이가 초등학교 2학년 때의 일이다. 직업 체험을 갔는데, 아이가 최대한 많은 것을 체험하도록 시간을 계산하여 쉬지 않고 다녔다. 그리고는 아이에게 좋은 것을 경험하게 해준다는 생각에 혼자 뿌듯해 했다. 지금 생각해 보니 참 많이 부끄럽다. 아이가 스스로 결정할 때까지 기다려주고, 그 결정을 믿어주고 지지해 주었다면 더 좋았을 것을. 하지만 아이들이 크기까지는 아직 시간이 남아 있고 기회가 있으니 이제부터라도 아이의 존재를 살려주는 멋진 엄마가 되어보자.

열여섯 번째 톡.

# 캥거루족이 왜 늘고 있나?

부모의 도움이 필요할까? 어떻게 도와주어야 하는가?

**송이맘**   아이의 생각을 존중하지 않는 부모 밑에서 자란 아이는 그때 얻은
상실감으로 자기결정성을 상실하고 존재감을 잃게 되나요?

**민준맘**   그런 경우 계속 부모의 그늘에서 벗어나지 못해 캥거루족으로 살게
되기 십상이죠. 이때 부모는 부모대로 독립하지 않는 자식이 한심하
겠지만, 한편으로는 자신이 유일하게 자식을 위해서 살 수 있는 사
람이라고 생각하고, 사회 속에서 인정받지 못한 자식을 애처롭게 바
라보죠.

그래서 자신의 품에 끼고 사는 거예요. 캥거루 상태로 머무는 사람
들은 세상에는 나와 본 적이 없는, 존재감이 없는 사람이에요. 부모
도 뭐가 어디서부터 잘못 되었나를 생각해 보다가 결국 부모 자신의
잘못이라는 것을 깨닫게 되죠. 이런 자녀를 키워 본 경험이 있는 사
람들에게 이런 이야기를 하면 많이 공감하고, 받아들이기도 해요.

그래도 예전에는 노동력의 수요가 많아서 머리가 좋으면 어디든 단순 업무라도 수행할 수 있었을 것이고, 또 사회에서 일하면서 억압되었던 자아를 다시 찾는 계기가 되는 직업을 찾거나, 또 그런 멘토를 만나 훨훨 날아서 자신의 새로운 삶을 찾아 존재감을 확립하게 되는 사례도 많았겠죠.

**송이맘**  자기결정성이라는 것이 엄청 중요해 보이네요.

**민준맘**  예를 들어, 중소기업을 운영하는 아빠가 자식이 한심해 보이니까 나중에 물려준다고 말하면서 나와서 일을 배우라고 계속 세뇌시킨다고 생각해 보세요. 시간이 흘러 그 아이가 오랫동안 세뇌된 아빠의 마인드로 회사를 물려 받으면 대부분이 망하게 돼요. 자기 주체적인 사고를 하지 않아서죠.

**송이맘**  자기 주체적인 사고요?

**민준맘**  "너 그나마 나 같은 아빠 만나서 중소기업을 물려받는 거야. 가난한 아빠 만났으면 어쩔 뻔 했어."라고 하며 경영교육을 하는 아빠가 있어요. 이런 말을 하면서 아빠의 존재감은 더 커지겠지만 아들의 존재감은 더 작아지죠. 그런데 아빠는 어차피 먼저 죽을 사람이잖아요. 세상에 아들의 존재를 크게 남겨줘야죠. 죽은 뒤 의사결정을 해줄 아빠가 없다는 불안감만 남겨 줄 건가요?

**송이맘**  무식한 부모의 횡포에 가깝다는 생각이 드네요. 자식 잘되라고 하는 말이었겠지만요..

**민준맘**  자신의 존재가 나약하고 가치롭지 못하다는 생각이 계속 누적되면 큰 문제로 붉어지게 되겠죠.

**송이맘** 일리가 있네요.

**민준맘** 비유가 적절한지 모르겠네요. 왜 망할까요? 여러 가지 이유가 있겠지만, 한 번 생각해 보면 좋겠어요.

**송이맘** 일단 자신의 적성이나 능력과는 상관없이 특별히 할 것 없으니까 단순히 아버지의 업적을 물려받는 데 목적을 두고 있는 것이 문제인 것 같아요. 그래서 기업을 이끌어가면서 여러 가지 문제에 봉착하게 되면 그것을 여러 가지 방법으로 해결하려는 의지와 능력이 없어서 결국 망하게 되는 것 아닐까요?

**민준맘** 문제가 있고 그 문제를 해결하는 방법적인 가치를 파는 것이 기업이니 우선 대기업의 철밥통 하청업체가 아니고서야 말씀하신대로 끊임없는 문제 해결에서 한계가 오겠지요. 그리고 그 기업은 아버지의 기업이었잖아요. 그 기업의 탄생과 발전에서 본인의 존재는 없죠. 이건희 회장이 삼성을 물려받으면서 중간에 경영혁신을 할 때마다 완전한 자기주도적 개혁을 했어요. 그래서 지금의 삼성이 있는 거죠.

**송이맘** 아, 그런 것도 있군요. 아버지의 기업을 단순히 물려받기만 하는 것은 자기결정성이 별로 필요가 없는 것이죠.

**민준맘** 자신의 존재감을 높이고 자신의 유능감을 확인하는 단계 없이 경영수업을 받고 아바타처럼 시키는 대로 따라 하면서 목소리 큰 아빠에게 순종하는 방법을 배웠겠죠. 금수저가 흙수저가 되는 순간이에요.

## 송이맘의 생각

'자기결정성'이라는 것과 '동기'라는 것은 깊은 관련이 있어 보인다. 송이가 어렸을 때 내 마음대로 쇼핑을 했다가 낭패를 본적이 있다. 내가 예쁘다고 생각해서 송이에게 입히려고 옷을 샀다. 그런데 송이는 무슨 이유에서인지 그 옷을 입기는커녕 쳐다보지도 않았다. 속상했지만 어쩔 수 없이 눈물을 머금고 다른 사람에게 줄 수밖에 없었다. 그때는 너무 속상해서 어린 것이 왜 이렇게 고집을 부리냐며 야단을 치기도 했다. 아마도 송이는 고집이 아니라 자신의 존재감을 표현하고 있었는지도 모른다. 만약 나와 함께 쇼핑을 가서 송이가 직접 고르게 했었더라도 그랬을까?

자기결정성을 상실한 사람은 다른 사람에 의해서 움직여지는 꼭두각시와 같은 인생을 살거나, 영화 〈베테랑〉에 나왔던 유아인처럼 부모의 바람과는 상관없이 제멋대로 살 가능성이 크다. 제아무리 자식을 위해서 좋은 것을 준비하면 무엇하나. 그것이 자녀에게 무슨 가치가 있겠나. 아이에게 무엇을 가르쳐야 하며 어떻게 가르쳐야 하는지 생각해 보게 된다.

열일곱 번째 톡.

# 자기주도 학습이 평생 가는가?

자기주도 학습과 자기조절 학습은 어떻게 다른가?

**송이맘** 자기주도 학습이라는 것이 과연 무엇인가요?

**민준맘** 자기주도 학습이라는 것은 학습 결정권, 학습 내용과 노력, 시간 조절의 주체가 자신에게 있는 거예요. 어릴 때는 부모의 도움이 필요하지만, 현재 우리나라는 시간 맞춰 학원에 가고 문제를 풀잖아요. 미래교육에서는 자기주도 학습이 평생학습을 결정하기 때문에 정말 중요한데, 자기조절 학습은 어떤 시스템이 갖춰진 상황에서 자신을 조절하며 목표를 성취하는 것이지만, 자기주도 학습은 자기가 시스템을 스스로 형성해 갈 수도 있죠. 스티브 잡스 같은 사람들처럼요. 학교의 졸업장에 가치를 두지 않고 청강을 하면서 자기가 배우고 싶은 과목을 배우고, 자신의 암묵적, 내재적인 지식으로 활용해 지식을 계속 확장하면서 스스로 학습하고, 문제 해결을 하고 또 문제 해결을 위해서 스스로 새로운 학습을 하는 것, 그것이 자기주도 학습이고 평생학습이겠죠. 그 과정에서 창의성이 생겨요.

**송이맘**   그렇다면 자기조절 학습과 자기주도 학습은 조금 다른 개념이네요. '자기조절 학습'이라는 것은 저에게는 생소한 개념이에요.

**민준맘**   네. 같이 쓰기도 하지만 우리나라에서 학습코칭을 하면서 자기주도 학습 방법을 지도하는 것은 엄밀히 말하면 자기조절 학습이에요. 주어진 지식을 효율적으로 학습하기 위한 학습 전략들이죠. 그런데 자기조절도 정말 중요해요. 초기에 학습에 대한 동기부여와 자신에게 적합한 학습 전략을 찾아보는 것이죠. 그런 것이 자기조절이에요. 자기주도 학습은 호기심과 문제인식이 학습 동기가 되어 시작되기 때문에, 호기심이 꼬리에 꼬리를 물고 이어지죠. 지금 송이맘의 학습처럼요. 그럼 정말 신나고 행복하고 학습 효율성도 높겠죠.

**송이맘**   그럼 처음에는 자기조절 학습이 맞는 것 같고 그 능력이 쌓인 상태에서 결국 자기주도 학습을 할 수 있다고 생각하는 것이 맞을까요?

**민준맘**   네. 저도 비슷하게 생각했는데 결국은 사람의 기본적인 선호, 기질, 성격, 환경적인 조건 등에 따라 달라요. 요즘은 배우고 싶은 열망만 있으면 온라인 강좌 등을 많이 활용하잖아요. 그리고 세계적인 오픈 강좌인 MOOC(Massive Open Online Course, 온라인 공개 수업)도 확대되고 있고, 사이버대학교도 있고, 오프라인으로는 문화센터에 학원까지 있잖아요. 문제는 무엇을 스스로 자발적으로 배우고 싶은가죠.

**송이맘**   '뭐가 궁금한가?'라는 말이죠? 그것을 이끌어 내는 것!

**민준맘**   맞아요. 호기심을 따라 내재적 동기를 이끌어 내는 것이 결국 학습 성패를 좌우해요

117

## 송이맘의 생각

아이가 모든 것을 자기 스스로 해주기를 바라는 것이 부모마음일 것이다. 나는 '왜 우리 아이는 자기주도 학습이 잘 되지 않을까?'라는 고민을 하곤 했다. 그런데 민준맘의 이야기를 듣다 보니 자기주도 학습이 이루어지려면 자기조절 학습이 되어야 한다고 한다. 자기조절 학습이라는 것은 처음 들어본 말이다. 자기조절 학습이란 어떠한 시스템이 갖춰진 상황에서 아이가 학습결정권을 가지고 학습 내용과 학습 전략 시간을 조절하는 것 등을 말한다고 한다. 그리고 이러한 과정을 통해 아이가 얻게 되는 것은 '창의성'이라고 한다.

그런데 여기에서 중요한 것은 이 모든 일을 결정하는 주체가 '아이 자신'이라는 것과 '어떠한 시스템이 갖춰진 상황'인 것 같다. 그렇다면 여기에서 시스템이 갖춰진 상황이라는 것은 어떤 상황을 말하는 것일까? 외적인 상황을 말하는 것인지, 아니면 학습자 주체의 내적인 상황을 말하는 것인지 교육학을 전공하는 민준맘에게 물어봐야겠다.

열여덟 번째 톡.

# 관심을 학습으로 어떻게 연결하나?

아이의 관심과 학습, 연결시키는 것이 맞는가?

**송이맘** 자기주도적 학습을 너무 일찍부터 하게 되면 기본적으로 배워야 하는 학습 내용을 못 배우는 게 아닐까요? 배우고 싶은 것만 배우다 보면 완전히 다른 영역에서는 지식의 구멍이 생기지 않을까 걱정돼요.

**민준맘** 학교 다닐 때 배운 내용을 모두 기억하고 계세요?

**송이맘** 아, 물론 뭘 배웠는지 기억도 안나죠.

**민준맘** 가르친다고 다 배우는 것은 아닌 것 같아요. 다 배우도록 하는 것은 가르치는 사람의 욕심이겠죠. 학습자는 자신에게 의미가 있는 지식만 머릿속에 남겨요. 자신이 의도하든 의도하지 않든 요즘같이 빠르게 변하는 시대에 가르치고 배우는 일방적인 학습 상황에 굳이 익숙해질 필요가 있을까요?

요즘 저희 아들이 전투기에 관심이 많아요. 그래서 온라인으로 전투기와 그 구조 사진을 찾아서 프린트하고, 그것을 스테이플러로 묶어서 자기만의 책을 만들었어요. 아주 엉성하죠.

**송이맘**   우와! 그런데 여기서 질문요!

**민준맘**   네, 말씀하세요.

**송이맘**   대부분의 부모들은 아이가 어떤 것에 관심이 있다고 하면 그것을 항상 학습적인 것으로 연결시켜서 어떤 결과를 얻으려고 하는 것 같아요. 이것도 부모가 갖는 생각의 한계인가요?

**민준맘**   부모는 아이보다 여러 단계를 넘겨서 보는 거죠. 관심을 학습으로 연결시켜서 아이가 달성할 수 있는 학습 목표를 이루는 과정을 단계적으로 봐야 하는데, 나름 생각이 뚜렷한 엄마들은 아이의 호기심과 의미있는 경험이 학습을 이끌어 낸다는 것을 알고 이끌려고 하죠. 학습적으로 연결시키는 것은 분명 좋고 의미 있는 일이에요.

저도 그렇게 하려고 노력해요. 물론 실천하기가 어렵기는 하지만요. 그렇지만 하나의 원칙을 지키려고 해요. 예를 들어, 아이가 책을 만들기 위해 스테이플러를 이리저리 찍어서 정말 엉성한 책을 만들어도 그냥 놔두는 거예요. 대신 나중에 아트북 같은 수업을 듣는 기회를 주려고 하죠. 이때 전적으로 본인이 원하는 경우에만 그렇게 하려고 해요. 북 페어 같은 곳에 데려가서 보여 주기도 해요. 만약 팝업북을 봤다면 나중에 전투기 그림을 팝업으로 튀어나오게 업그레이드해서 책을 만들 수도 있고, 그렇지 않을 수도 있겠죠.

하지만 그 모든 것이 배워가는 과정이고, 그것을 융합시키는 능력은 결국 본인의 몫이라는 것을 남겨주어야죠. 아이가 했던 것을 존중하면서 그것을 토대로 확장시키는 것이 중요해요. 대신 부모의 안목으로 연관이 가능한 경험을 하도록 도와주는 것은 필요해요. 만일 전투기를 좋아하는 아이에게, 엄마가 멋지게 사진을 오려서 페이지를 만들어 줬다고 생각해 보세요. 그것은 멋있을지는 몰라도 아이가 직접 만든 것이 아니죠.

**송이맘** 여기서 중요한 것은 또다시 부모의 안목이네요. 아이의 자기결정성과 자기조절 학습의 메타인지가 결국 부모의 안목으로 길러지는 셈이군요.

**민준맘** 서점에서 팝업북이나 책으로 탄생된 전투기 책을 아이에게 볼 수 있도록 해주는 것도 중요해요. 비록 남이 만들어 놓은 작업 예시(산출물)이지만, '나도 전투기 책을 혼자 만들어 봤는데 저 사람처럼 저런 방식으로 만들 수도 있구나. 나도 해봐야지!'라는 생각을 하도록 만드는 단초를 제공할 수 있죠. 이것은 정말 중요해요. 그게 부모의 역할이죠.

**송이맘** 아이가 "엄마, 나 전투기에 관심 있어."라고 했다면 대부분의 부모는 어떻게 했을까요? 저라면 전쟁기념관을 데리고 가거나, 바로 책을 보여 주었을 것 같아요. 그게 바로 부모의 안목이라고 볼 수 있는 건가요?

**민준맘** 저희도 그랬어요. 전쟁기념관에도 많이 데려가고 관련된 책도 사주었죠. 대신 그 안에서 배우고 느끼고 생각할 시간과 그 시간을 주도할 권리를 충분히 주는 게 중요해요.

**송이맘** 그렇네요. 작은 차이처럼 보이지만 결국 큰 차이를 만드는 것 같아요.

**민준맘** 글을 못 읽는 아이라면 전쟁기념관에 가서 막 돌아다니고 그림만 보거나 전투기만 들여다보겠죠. 그런데 이때 엄마가 아이가 글을 못 읽는 게 안타까워서 직접 나서서 글을 하나하나 읽고 아이에게 들어보라고 하는 것과, 글을 못 읽는 아이가 "엄마, 이거 뭐라고 썼어요? 읽어 주세요."라고 말하면서 읽고 싶다는 의지를 보이면 그제서야 아이가 읽어달라는 부분을 읽어주는 것. 두 상황에서 아이의 학습 동기와 주의력이 어떻게 다를지 상상해 보세요.

**송이맘** 아무래도 내가 궁금해서 물어보는 부분을 엄마가 읽어주면 주체가 아이가 되고, 엄마가 도와주는 셈이니 아이는 엄마가 읽는 내용들에 더 집중하게 되겠지요. 이런 큰 차이가 있었다니 반성이 되고 놀랍네요.

## 송이맘의 생각

안목을 키우기 위해서는 많은 시간과 경험이 필요하다고 했다. 안목
이 중요한 이유는 순간적인 선택을 잘 하도록 이끌기 때문이다. 그런
순간순간이 모여 미래가 되고, 또 제대로 된 선택도 하고, 잘못된 선택
에 대한 반성을 하면서 안목이 성장한다.

그렇다면 '나는 지금의 안목을 어떻게 가지게 되었나? 원래부터 이런
안목을 가지게 되었나?'라는 질문들을 던져보았을 때, 지금까지 살아
오면서 수많은 경험, 성공과 실패를 거듭하며 생각하고 깨달은 것들
이 모여 나의 안목을 만들었다는 것을 알 수 있었다. 물론 정확할 때도
있고, 더 성장해야 한다고 생각할 수도 있지만, 엄마의 안목이 아이의
안목을 만든다는 생각을 계속 하게 된다.

나의 아이들이 좋은 안목을 갖게 하려면 어떻게 해야 할까? 답은 이미
알고 있다. 다만 아이들을 믿어주고 기다려주고 수없이 거듭 반복되
는 성공과 실패를 묵묵히 바라봐주며 지지해주는 것을 실천하는 것이
어려울 뿐이다. 안목을 키워주기 위해 타이밍을 잘 살피고 아이의 관
심사를 살피되 모든 학습의 주체가 아이인 것을 잊지 말자. 아이보다
앞서서 설레발치지 않는 부모가 되어야겠다. 그림자처럼 뒤에서 움직
이고 내 아이를 자신의 인생에서 주인공이 될 수 있도록 조용히 도와
야 한다.

열아홉 번째 톡.

# 자기결정성이 왜 필요한가?

부모의 결정이 아이의 성공을 방해할 수도 있다!

**송이맘**　그럼 부모의 안목은 어떻게 키울 수 있나요?

**민준맘**　어떻게 키워지면 좋을까요? 우선 부모가 가장 원하는 일반적인 교육
의 목적이 뭐라고 생각하세요? 아주 일반적으로요. 그리고 송이맘
본인은 어떻게 생각하세요?

**송이맘**　좋은 대학을 가는 것이죠.

**민준맘**　왜요? 좋은 대학이 어떤 의미일까요?

**송이맘**　그래야 좋은 직장을 가고 성공하는 삶을 산다고 생각하니까요. 좋은
대학이란 일반 부모들은 물론 모든 사람의 선망의 대상이 되는 그런
학교겠죠.

**민준맘**　그런 것이 삶에서 아이에게 어떤 것을 제공할까요? 어떤 혜택을 누
리게 될까요?

**송이맘**　만약 아이가 원하고 계획한 것이었다면 그것을 발판 삼아 또 다른

성장이 이어지겠지만, 부모가 원하고 아이를 설득해서 그런 대학을 가게 되었다면 또 다르겠죠.

**민준맘** 모든 사람의 선망의 대상이 되는 학교를 가면 말씀하신 대로 성공하는 삶을 살 가능성이 커지고, 성공한 삶이 보장하는 것은 만족과 행복이죠.

**송이맘** 부모님을 위해서 명문대 가줬다는 마음이 들 것 같기도 하네요.

**민준맘** 행복을 누리고 살 확률이 그렇지 않은 사람보다 높기 때문이에요. 실제로 그렇기도 하고요.

**송이맘** 가능성이 커지고 기회가 많아진다는 거군요.

**민준맘** 그런데 여기서 문제는 '모든 사람의 선망의 대상이 되는 그런 학교'가 나에게는 가치 있지 않고 흥미롭지 않은 상황일 때죠. 말씀하신 대로 '부모가 강요한 선택에 의해서 갔을 때'가 대부분이에요. 어쩌면 초·중·고등학교를 거치면서 우리가 일반적으로 생각하는 성공하는 삶의 가치가 남들이 모두 인정하는 성공, 모두가 합의된 성공의 개념이 되어 버려서 모두 같은 방향으로 달리고, 같은 준비를 하고, 같은 학습을 하게 하는 거죠. 학교는 그런 근본적인 문제를 안은 채 존재해요.

**송이맘** 결과는 같은데 동기 자체가 완전히 다른 상황이네요.

**민준맘** 학교에서는 동일한 지식, 가치를 제공하니까요. 미국은 주별로 교육과정이 다르고 교사의 자율권이 보장되어 있대요. 핀란드는 교육과정 편성의 주체가 교사라고 하네요. 그런데 우리나라는 교육과정을 편성하는 곳은 국가이고 교사는 시키는 대로 실행하죠. 비교적 최근에 생긴 플립트 클래스룸(거꾸로 교실)도 교사들이 학교의 주인공이 되고, 결정권이 높아져서, 자기 결정권을 높였다는 측면에서 더 가치 있고, 활동적인 교사를 만들 수 있다고 생각해요. 학교 안에서 비로소 자신의 존재를 찾은 것이죠.

**송이맘** 그럼 일반 공교육에서는 교사도 자기결정성이 없어서 열정을 잃어 가고 있다고 봐도 되나요?

**민준맘** 네, 물론 다른 이유도 있겠지만요. 한 해 한 해 반복되고 또 주어진 일에 대한 묵묵한 수행이 열정을 식게 만들 수도 있죠. 교육과정이나 수업진행에서 결정권이 없기도 하고요.

**송이맘** 그렇군요.

**민준맘** 또 다른 문제도 있어요. 교사가 된 동기가 부모가 강요한 선택에 의해서, 그래도 배운 지식인으로서 안정된 직장을 얻기 위해서, 모두가 합의된 어느 정도의 성공을 위한 것이었다면요? 흥미나 관심과는 무관하게 임용고시 패스 자체가 목표였다면, 교사로서 행복할까요?

**송이맘** 그렇게 교사의 입장에서 이해할 수도 있네요.

**민준맘** 진짜 교사가 되어 아이들을 가르치고 싶어서 온 사람의 경우에도 교사로서 책임감과 사명감을 가지고 뭔가를 해보려고 해도, 자기결정성이 없고 위에서 결정한 대로 해야만 하죠. 이미 열정을 잃은 나이 많은 교사들이 군림하고 있기에, 눈에 너무 튀거나 열심히 하면 왕따가 되거나 혼자 날뛴다고 욕을 먹을 수도 있어요.

**송이맘** 그렇겠네요.

**민준맘** 의욕적인 교사가 새로운 시도를 했을 때 아이에게 도움이 되면 엄마도 좋아하면서 선생님의 팬이 되지만, 자기 아이가 새로운 시도에서 소외되면 선생님을 적으로 보겠죠. 요즘 한국교원대에서 '큰 스승전형'이 있다는데, 성적보다는 교사가 되고자 하는 동기와 노력을 보는 전형이래요. 희망이 보이죠?

**송이맘**  결국 아이들에게도 어른들에게도 자기결정성이 내재적 동기를 만드는 군요.

**민준맘**  지속될 수 있다면요.

## 송이맘의 생각

많은 사람이 이렇게 오랫 동안 교육이라는 것에 정성을 쏟는 이유는 아마도 자녀가 좋은 대학을 나와 좋은 직장을 갖고 물질적으로 안정을 얻어 성공적인 삶을 살기를 바라는 마음에서일 것이다. 그렇다면 좋은 대학이라는 것, 또 좋은 직장이라는 것은 과연 누구에게 좋은 것이라는 걸까? 부모들은 "이게 다 너를 위한 거야."라고 이야기하지만 자녀들도 과연 그 생각에 동의할까?

민준맘과 많은 대화를 나누면서 내 궁금증의 해답을 조금씩 찾아가는 느낌이 든다. 지금 내 머릿속에 맴도는 단어들이 있는데, 그것은 바로 '자기결정성'과 '내적동기'이다. 어른이든 아이이든 사람이라면 누구나 자기 스스로가 결정한 것은 강한 동기가 되어 누가 시키지 않아도 잘하려고 한다. 음, 자기 결정권을 송이에게 적용해 봐야겠다. 캄캄하고 어두운 곳에 작은 한 줄기의 빛을 본 것 같다.

스무 번째 톡.

# 교육적 평등은 무엇인가?

학교는 평등한가? 불평등한가?

**민준맘**　학교가 가진 두 번째 문제는 평등이에요. 평등하다는 명목의 불평등
이 존재하죠. 실제로 아이들은 발달 단계도 다르고, 원하는 것, 좋아
하는 것도 다른데 획일화된 공부를 해야 하잖아요. 그건 반대로 생
각하면 정말 잔인하게 불평등한 것이죠. 모두 같은 교실에 놓고 같
은 개념을 가르치면 그게 딱딱 맞고 흥미로운 아이들이 몇 명이나
되겠어요?

기본적으로 사회를 살아가면서 알아야 하는 것은 초등학교 때 배운
것으로 충분해요. 자기결정성이 내재적 동기를 만들고, 내재적인 지
식을 쌓게 되는 원동력이 된다는 전제 하에서 중학교부터 자유학기
제로 다양한 경험을 해 보는 것은 좋지 않을까 싶어요.

**송이맘**　평등을 위해 시작한 교육이 획일화를 만들었고 그것이 결국 발달 단
계와 사고체계가 다른 아이들에게 잔인한 불평등이 된 것이군요.

**민준맘** 초등학교 때 다양한 경험을 해 보고 이제 자기가 무엇을 좋아하는가 확신이 선 상태에서 결정성을 높여 원하는 공부를 하도록 배려해야 해요. 그런데 우리나라는 더 많은 분량의 지식을 주입하는 방법에만 주력하고 있어서 아쉽지요.

결국 자신의 진로를 고3 때 수능 점수를 보고 정하고 대학에 가서야 과가 맞지 않는다고 판단하여 다시 진로를 고민하는 경우가 생기는 것이죠.

**송이맘** 안타깝네요. 저희 세 아이들은 식성도 다르고 기질도 다르고 심지어 는 얼굴도 다르게 생겨서, 아이를 낳고 기를 때 매 순간순간이 새롭고 늘 처음 아이를 키우는 것과 같은 느낌이었어요. 기저귀를 떼는 방법도, 한글을 떼는 방법도, 설명해 줘야 하는 방법도 모두 달랐죠. 균등하게 교육 받는 권리는 법 앞에 평등원칙을 교육적 측면에서 구체화한 것이라고 한다면, 우리가 지금 교육에 대해 답답함을 토로하고 있는 이유는 이렇게 발단 단계도 다르고, 원하는 것, 좋아하는 것도 다른데 같은 내용을 같은 방법으로 주입하여 의욕을 상실해가는 자녀를 적응시켜서 사회에 내보내야 한다는 의무감 때문이 아닐까요? 교육적 평등, 다시 한 번 생각해 봐야 할 단어인 것 같네요.

**민준맘** 그래서 계속 진로를 고민하고 나이들어서까지 공부하고 그게 고스란히 부모의 노후 문제로 남게 되는 것 같아요. 악순환이죠. 요즘에는 취업 안된다고 창업비용을 대주다가 문제가 되는 사례도 많대요.

**송이맘** 그렇네요.

**민준맘** 핀란드처럼 한 번 국가적인 위기가 와야 근본부터 재정비할 수 있는 기회가 올까요?

**송이맘**  그때 말씀하셨던 개인적 위기와 국가적 위기가 확실하게 온다면 다시 터를 닦아 재건할 수 있다고 생각해요.

**민준맘**  네. 그 전에 학부모의 인식을 바꾸는 계기가 있으면 좋겠지만 사람은 절망적인 순간이 와야 뭔가 잘못되었다는 것을 인식하게 되죠. 먹고 살 만하고, 현상을 유지할 수 있으면 변화하는 것을 싫어해요. 안주하고 싶어 하거든요. 새롭게 생각하거나 골치 아픈 것을 싫어해요. 그저 평범하게 살다가 간다고 생각하겠죠.

**송이맘**  어설퍼서는. 뭔가를 새롭게 다시 시작하는 것이 쉽지 않죠.

**민준맘**  네. 지금 우리나라는 아직은 살 만하죠. 심지어 요즘은 학부모들도 교육이 문제라고 하면서도 교육과정이 바뀌는 것을 싫어해요.

**송이맘**  맞아요. 변화라는 것은 또 다른 고통이 시작되는 순간이니까요.

**민준맘**  또 다른 고통이요?

**송이맘**  익숙한 것을 다 벗어 버려야 하고 모든 것을 새롭게 하는 것이 어쩌면 자신의 사고방식, 가치관 등을 모두 새롭게 해야 하는 것과 마찬가지니까요.

**민준맘**  익숙하지 않은 고민과 생각을 해야 하는 것이죠.

**송이맘**  그것이 또 다른 고통으로 다가올 수 있을 것 같아요. 하지만 완전히 무너진다면 고통 속에서 어쩔 수 없이 방법을 고민해야겠죠.

**민준맘**  재미있는 이야기 하나 해드릴까요?

**송이맘**  네.

**민준맘**  인간이 이렇게 고통스럽게 살아야 하는 이유를 성경에서는 뭐라고 하죠?

**송이맘**    원죄로 인한 삶의 고통이요?

**민준맘**    원죄는 뭐죠? 신에게 지은 원죄요?

**송이맘**    신에게 지은 원죄는 하나님이 먹지 말라고 한 선악과를 따 먹은 것이겠죠.

**민준맘**    그럼 하나님의 말씀을 어겨서인가요? 교회에서 어떻게 가르치는지 궁금해요.

**송이맘**    단순히 하나님의 말씀을 어겨서라기보다는 일단 하나님의 말씀을 신뢰하지 않고 의심했다는 것 하나와, 하나님께서 인간에게 주신 자유의지로 자신이 결정한 행동에 대한 결과를 시인하지 않고 다른 사람에게 돌렸던 것. 두 가지가 있을 것 같네요.

**민준맘**    하나님께서 인간에게 주신 자유의지로 자신이 결정한 행동에 대한 결과를 시인하지 않고 다른 사람에게 돌리는 것이요?

**송이맘**    네.

**민준맘**    여기서 하나님께서 인간에게 주신 가장 큰 존엄한 권한이 바로 자유의지예요. 자기결정!

**송이맘**    맞아요.

**민준맘**    그 권한을 아담은 이브에게, 이브는 뱀에게 넘겨서 분노하신 거예요. 그 존엄하고 대단한 결정권, 신에게만 있는 권한을 인간에게 준 것은 그만큼 인간을 사랑했기 때문이죠. 그런데 그런 권한을 하찮게 생각하고 뱀에게까지 넘겨준 인간에게 남는 것은 고통인 거죠.

**송이맘**    신기하네요.

**민준맘**  지금의 교육도 자기결정의 권한을 빼앗겼기 때문에 계속 개인에게
는 고통인거에요. 너무 재미있죠? 이해가 되시죠? 스스로 취미를 찾
아 몰입하는 사람들을 보면 얼마나 행복한 얼굴인지 몰라요.

**송이맘**  네, 그렇네요. 생각할수록 재미있어요. 성경이 세상이치와 딱 맞아
떨어지는 것을 교회가 아닌 세상에서 보니 더 그렇네요.

## 송이맘의 생각

신이 인간에게 스스로 선택할 수 있도록 자유의지를 부여한 것은 가장 큰 선물일 것이다. 그만큼 인간을 사랑했고, 믿었기 때문에 스스로 결정할 수 있는 권한을 주신 것이 아니었을까? 사람은 태어나서 죽는 순간까지 선택하고 결정해야 하는 순간들을 끊임없이 마주한다. 작게는 짜장면과 짬뽕을 선택할 때도 말이다. 그 선택이 탁월했을 때에는 "역시 나야."라고 하며 우쭐해 한다. 하지만 그 선택이 만족스럽지 않을 때는 "거봐, 아까 내가 뭐랬어. 이거 별로일 것 같다고 했잖아."라며 남의 탓으로 돌리기가 더 쉽다.

우스갯말로 자녀가 예쁘거나 공부를 잘하면 "얘는 아무래도 날 닮은 것 같아."라고 하지만 아이가 못생겼다고 생각되거나 공부를 잘 하지 못하면 "지 애비 닮아서. 또는 지 애미 닮아서."라며 배우자의 탓을 한다. 이것은 아주 사소해서 웃으면서 지나가는 말로 할 수 있는 이야기들이지만 나의 선택에 대해서 그 결과를 다른 사람에게 돌리게 된다면 행복한 삶과는 점점 멀어지게 될 것이다.

나는 나의 자녀들이 행복한 삶을 살기를 간절히 바란다. 그렇다면 자신의 결정이 어떤 결과를 가져왔든지 상관없이 인정하고 배우는 아이로 키워야겠다는 생각이 든다.

스물한 번째 톡.

# 인내의 힘은 어떻게 키우는가?

아이가 싫다고 하는 공부는 중단하는 게 맞나?

**송이맘** 부모들이 생각하기에 자기주도 학습이나 자기결정성을 존중하는 학습을 시킬 때 현상적으로 싫어하는 것을 시켜야 하나, 아니면 아이의 뜻을 존중해서 그만둬야 하나 항상 고민에 빠지게 돼요.

**민준맘** 분명히 자기조절 학습이 필요하고 어떤 목표가 있을 때는 아이와 상의를 해야겠죠. 목표 달성을 위해서 좀 참고 공부를 할 것인지, 아니면 그 목표를 달성하지 않을 것인지. 학교 교육에서는 그러한 자기조절과 인내가 어쩔 수 없이 필요한 것 같아요.

**송이맘** 그럼 아이들에게 어떻게 인내를 가르칠 수 있을까요?

**민준맘** 여기서 선택 기준은 아이의 뜻을 존중해서 그만두나, 아니면 억지로 시키나 하는 것이에요. 학습 효율이 낮고, 돈과 시간만 낭비되니 가치판단을 하는 수밖에 없죠. 송이맘은 언제 힘들고 싫지만 그대로 해야겠다는 생각이 들었어요? 그런 경험이 있나요?

**송이맘** 생각해 보니 삶 자체가 고민이 많아서 특별히 뭐가 힘들었고 그대로 해야겠다고 생각한 적이 없는 것 같아요. 그런데 저는 지금 내가 무엇을 해야 할지 잘 모를 때, 그냥 눈에 드는 책을 읽고 고민에 빠져들고 생각에 잠기고 그랬던 것 같아요. '이것을 해야 할지 말아야 할지.' 이런 생각이 들 때는 그냥 겪어보면서 생각하자는 편이죠.

**민준맘** 그런 투정을 부릴 여유가 없었거나 아니면 긍정적이거나 둘 중 하나겠네요.

**송이맘** 그렇네요. 그런데 저는 두 가지를 다 가지고 있는 것 같아요.

**민준맘** 어떤 어려운 상황이 올 때 인내하는 경우와 인내하지 않고 포기해버리거나 그 상황을 회피해버리고, 또는 그 상황을 비난하기까지 하는 경우가 있어요.

**송이맘** 저와 같은 경우는 인내한 거네요. 포기하지 않았으니까요.

**민준맘** 네.

**송이맘** 갑자기 그게 인내인지도 모르고 지금까지 지내온 것 같다는 생각이 들어요.

**민준맘** 포기하지 않고 인내하거나 혹은 인내 후에 다음에도 포기하지 말고 인내해야겠다고 생각한 적이 있으세요?

**송이맘** 그런 게 없어요. 돌이켜보니 자연스럽게 환경을 통해서 했던 것들이 인내였다는 것을 알게 되었네요. 아니면 지금도 무언가를 끊임없이 인내하기 때문에 '인내 후'라는 것을 생각하지 못했을까요?

**민준맘** 저는 인내는 습관 같은 거라고 생각하는데, 습관은 성격에서 오기도 하고, 인내하면서 성취했던 유의미한 경험, 긍정적인 경험이 계속 인내를 만들기도 하죠. 인내했는데도 아무런 성과가 돌아오지 않고, 오히려 상황이 더 나빠졌다면 아무도 인내하지 않겠죠.

**송이맘** 그렇다고 하면 저는 어려서부터 상황과 환경이 인내를 자연스럽게 배우게 했나 봐요.

**민준맘** 그래서 안 좋은 상황이라고 해서 정말 나쁜 게 아니에요. 배울 게 많잖아요.

**송이맘** 맞아요. 저도 그렇게 생각해요.

**민준맘** 원래 기질이 긍정적이기도 하시고요.

**송이맘** 저는 사실 송이가 뛰어나지 않은 것을 고맙게 느낀 적이 있어요.

**민준맘** 왜요?

**송이맘** 저를 이렇게 공부하게 만들었거든요.

**민준맘** 와우! 정말 그러네요.

**송이맘** 송이가 2학년 때 엄청 쉬운 수학 문제를 틀린 적이 있어요. 그것 때문에 '왜 그랬을까.'를 고민하다가 결국 제가 수학지도사자격증을 따기 시작해서 여기까지 왔네요.

**민준맘** 2학년 때 엄청 쉬운 수학 문제를 틀린 아이들도 있었을 것이고 그 엄마들도 있었을텐데, 그 차이는 무엇일까요?

**송이맘** 저는 어려서부터 항상 고민하는 것이 자연스러운 습관이었던 것 같아요. 그래서 자연스레 고민하고 인내하게 된 것이 아닐까 싶어요.

## 송이맘의 생각

'순간의 선택이 평생을 좌우한다'라는 말이 있다. 과연 무슨 의미일까? 많은 아이가 어릴 적에 피아노 학원을 다녀보았을 것이다. 나도 어렸을 때 피아노를 배웠다. 이상하게도 피아노 악보가 눈에 잘 들어오지 않아서 엄마께 그만하고 싶다고 했다. 그런데 우리 엄마는 너무 엄격해서 한 번 시작한 것은 중도에 포기해서는 안 된다며 체르니 40번까지 마쳐야 한다고 하셔서 나와 대치상황에 놓이게 되었다. 그러기를 몇 달, 엄마도 고민이 되셨는지 나에게 제안을 하셨다. 음악을 해야 하는 이유에 대해 설명해 주시면서 그렇게 피아노가 싫으면 다른 악기를 배우라고 하셨다. 나도 그 의견에 동의했고, 플룻을 시작했다. 그런데 예상치 않게 재능을 발견해 신이 나서 더 열심히 하다 보니 남들이 일 년에 걸쳐 배울 것을 한 달 만에 배웠다.

나의 경험을 되짚어 보면 엄마는 나에게 음악을 알게 하고 싶으셨던 것 같다. 음악을 접하게 해 주신 수단이 피아노였던 것이고, 나에게는 그것이 잘 맞지 않아 곤욕스러웠던 것이다. 하지만 음악이라는 큰 틀 안에서 엄마가 수단을 바꿔 플룻을 배우게 했고, 엄마의 인내가 결과적으로는 나를 음악을 사랑하는 사람으로 만들었다. 사전에서는 인내라는 것을 '괴로움이나 어려움을 참고 견디는 것'이라고 정의하고 있지만, 나는 인내를 '수단을 바꾸되 끝까지 포기하지 않는 것'이라고 정의하고 싶다.

스물두 번째 톡.

# 인내의 습관은 어떻게 생기나?

생각하는 습관 안에 인내가 보인다?

**민준맘**   송이맘은 수학지도사 자격증을 따기까지 했군요. 그런데 실제 그렇
지 않은 엄마들이 많아요. 그렇다면 그런 인내의 습관이 형성된 환
경이나 배경은 뭘까요?

**송이맘**   저는 엄마가 일을 하셔서 집에 잘 안계셨어요. 그리고 엄마가 일 끝
나고 돌아와서 제가 고민을 이야기하면 예민해서 잠을 잘 못 주무
셨어요. 그래서 저는 문제를 만나면 항상 생각에 잠겨서 '왜 그랬을
까?', '어떻게 해야 할까?'라는 고민을 많이 하면서 스스로 답을 찾아
야만 했어요.

**민준맘**   네, 그런 환경이 스스로 고민하고 생각하고 결정하고 행동하게 만든
것이군요.

**송이맘**   그래서 어떤 문제를 만나더라도 계속 '왜일까?'를 생각하게 되고 자
꾸 고민하면서 더디더라도 나아가려고 해요.

**민준맘**  그런 습관이 '생각하는 습관'이고 지금 우리 아이들에게는 없는 습관이죠. 가지기가 어려운 현실이에요. 그래서 사고력을 키울 전략을 짜야 해요.

**송이맘**  그렇군요.

**민준맘**  그런 습관 안에 인내가 있어요. 어떤 문제를 만나더라도 계속 '왜일까?'를 생각하게 되고 안 되도 인내하는 것이죠.

**송이맘**  지금 너무 새로운 감정을 느끼고 있어요.

**민준맘**  어떤 감정이요?

**송이맘**  인내라는 단어는 내 안에 없는 줄 알았는데 내 삶 자체가 인내였기 때문에 너무 익숙하고 자연스러워서 인지하지 못했다는 것을요.

**민준맘**  아이들이 문제를 해결하고, 안되면 또 인내하면서 계속 생각하는 습관을 가졌으면 하시나요? 아니면 그 자체가 고통이어서 아이들은 그렇게 살지 않았으면 좋겠다고 생각하시나요?

**송이맘**  저는 아이들이 계속 생각하는 습관을 가졌으면 좋겠어요. 어쩌면 철학적인 이야기일 수 있는데, 어차피 인생은 어떤 문제이든지 본인 스스로 부딪혀서 풀어야 하니까요. 부모가 대신 살아줄 수도 없고 대신 생각해줄 수도 없잖아요.

**민준맘**  가슴 아프지만 그렇죠.

**송이맘**  그러니까 고통이 되더라도 스스로 겪으면서 생각하고 해결했으면 좋겠어요.

**민준맘**  그런데 송이맘처럼 그냥 습관처럼 인내하면 더 좋지 않겠어요?

**송이맘**  그렇죠. 저는 오랫동안 그것이 고통인지도 모르고 살았어요.

**민준맘**  막상 스스로 생각하고 결정하고 행동해야 할 때 고통으로 받아들이

140

지 않도록요.

**송이맘**  그래서 저는 오히려 감사했어요.

**민준맘**  그러려면 부모로서 어떻게 하면 좋을까요? 어떻게 아이들을 도우면 좋을까요?

**송이맘**  저도 그게 참 고민이 돼요. 송이를 보면서도 그렇고요. 그래서 그렇게 '인내하는 아이를 키우려면 어떻게 해야 할까?'라는 질문도 드렸고요.

## 송이맘의 생각

민준맘과 대화를 나누면서 내가 생각이 많고 고민이 많은 사람이라는 사실을 알게 되었다. 항상 어떤 문제를 만나면 원인을 분석하려고 하고 그것을 해결하려면 어떻게 해야 하는지를 생각하고 고민하는 편이다. 하지만 고민을 하면서 자책을 하거나 후회는 잘 하지 않는다. 실수를 하더라도 '다음에 그렇게 하지 않으면 된다.'는 교훈을 가슴에 품고 쿨하게 지나간다. 그렇게 넘길 수 있는 이유는 그것을 통해 무언가를 배웠고 깨달았기 때문이다. 이렇게 내가 고민하고 해결책을 생각했던 것의 바탕에 인내가 있었다니. 어려서부터 내가 곧 인내이고 인내가 곧 나였기 때문에 전혀 인지하지 못했던 부분들을 깨닫고 마주하게 되어 기분이 오묘했다. 우리 아이들을 인내일체형으로 키우려면 무엇을 가르쳐야 할까? 깊은 고민에 빠져본다.

스물세 번째 톡.

# 좋은 환경을 어떻게 만들어 주나?

세 번이나 이사한 맹자 어머니도 잔디깎이 맘이 아닌가?

**송이맘** 일단 아이가 스스로 문제를 만날 수 있는 상황을 만들어 줘야 할 것 같아요.

**민준맘** 그렇네요. 그럴 기회를 줘야죠.

**송이맘** 그렇다고 억지로 그런 환경을 만들 필요는 없지만 최소한의 문제는 부모 선에서 해결해 주더라도 생각할 시간도 주고 문제를 만날 수 있는 기회도 주어야 할 것 같아요.

**송이맘** 제 상황을 보면 어려서도 친구관계에 있어서 엄마한테 말도 못하고 끙끙거리면서 고민하고 해결하는 과정을 통해 외동으로 자라면서 놓쳤던 인간관계를 배웠거든요. 만약 엄마께 이야기해서 엄마가 발 벗고 나서서 문제를 해결해 주고 그 아이를 혼내주었다면 저는 고민하고 끙끙거리는 시간을 굳이 가질 필요가 없었겠죠. 그랬다면 관계를 맺는 방법을 배우지 못했을 거라는 생각이 드네요. 때로는 부모가 문제 속에 너무 깊이 파고들어가지 않는 것이 답이 될 수도 있다고 생각해요.

**민준맘**  잔디깎이 맘(mom)이 놓치고 있는 것이 바로 그런 문제예요.

**송이맘**  그렇군요.

**민준맘**  그리고 명석하고 우수한 두뇌로 태어나지 않았더라도 그런 고민과 노력 속에서 1만 시간이 지나면 메타인지가 상승하겠죠. 문제 해결력도 함께요.

**송이맘**  그런 거군요. '1만 시간의 법칙'에 따라 오래 노력하면 그 분야에서 전문가가 될 수 있다는 정도로만 이해했는데 메타인지, 문제해결력과도 관련이 있었다니 놀랍네요.

**민준맘**  결국 교육도 삶이죠. 맹모삼천지교라고 들어보셨죠? 교육은 삶을 위해서 하는 거죠. 잘 살기 위해서, 자아실현을 하기 위해서, 또 사회 속에서 자신의 존재를 찾기 위해서, 성장하기 위해서 등 가치에 따라 목적도 다르고 어느 하나 틀린 목적이 없어요. 맹모삼천지교에서 세 번 이사를 하잖아요.

맹자가 어머니와 처음 살았던 곳은 공동묘지 근처였대요. 함께 지낼 친구가 없었던 맹자는 공동묘지에서 곡(哭) 하는 것을 따라하고 장사를 지내는 놀이를 했어요. 이 광경을 목격한 맹자의 어머니는 이사를 결심했어요. 그런데 이번에는 시장 근처였어요. 이번에도 장소의 문제 때문인지 맹자는 시장에서 물건을 사고 파는 장사꾼의 흉내를 내면서 놀았죠. 맹자의 어머니는 다시 이사를 가기로 했고, 이번에는 서당 근처로 갔어요. 그러자 맹자가 제사 때 쓰는 기구를 늘어

놓고 절하는 법 등 예법에 대한 놀이를 했다고 해요.

**송이맘** 교육은 삶이라는 것을 잘 보여 주네요. 멋져요. 그러면 이런 경우 아이에게 좋은 환경이 영향을 미친다는 건데 좋은 환경의 정의를 어떻게 내리면 좋을까요?

**민준맘** 제가 인터넷에서 맹모삼천지교에 대한 새로운 해석을 찾았어요. 환경의 정의를 내리는 데에 도움이 되실 거예요. 최근 들어 '현대판 맹모삼천지교'라 하면서 명문학교 군을 쫓아 자녀교육에 극성스러운 부모를 일컬으며, 다소 부정적인 의미로 변질된 것뿐 본래 뜻은 따로 있대요.

**송이맘** 네?

**민준맘** 맹자와 어머니가 처음에는 공동묘지 근처에 살았던 내막에는 부자나 가난한 자나 죽음 앞에 모든 인간은 평등하다는 생각을 심어주기 위함이라는 거예요. 이후 시장 인근으로 이사해 치열한 삶의 현장을 보여 주고, 어떻게 사는 것이 진정한 인생인지 스스로 찾게 한 것이죠. 두 과정을 거쳐 세 번째로 서당 근처로 이사를 왔을 때 맹자가 참교육의 의미를 알 수 있었다고 해요.

또 아들에게 학습을 강요한 것이 아니라 학문에 힘을 써야 하는 이유를 스스로 깨달을 수 있는 기회를 준 것이 맹자의 어머니가 삼천지교를 한 중요한 이유라는 거예요. 명문학교에 진학시킬 수 있는 유치원부터 고등학교까지 학군을 따라 이사를 하고, 탄탄대로의 진로를 열어주기 위해 뒷바라지 하는 것과는 다르죠.

**송이맘** 교육은 정말 삶 그 자체네요.

## 송이맘의 생각

민준맘과의 이야기 중에 맹모삼천지교에 대한 것이 나에게는 충격에 가까웠다. 흔히 맹모삼천지교의 의미가 '아이들은 환경에 따라 달라질 수 있다.'라고 알고 있다. 역시 훌륭한 자녀를 둔 부모는 다른 것인가. 맹자의 어머니에게는 철학이 있었다는 사실을 알게 되었다. 물론 공동묘지 근처에 살았을 때는 경제사정도 좋지 않았지만, 사람의 삶과 죽음에 대한 존엄함을 가르치고, 그리고 나서 삶의 치열함을, 그 이후에 학문을 얹었다는 것이 의미 있어 보였다. 나는 어떤 철학으로 아이들을 가르치고 있는지 돌아보게 된다. 아니 과연 내가 철학을 가지고 있는지부터 살펴봐야겠다.

스물네 번째 톡.

# 비싼 학원이 좋은 학원일까?

값비싸게 가르치는 것보다 그 가치를 먼저 알아야 한다!

**민준맘**    지금은 환경이 강남이냐 아니냐, 서울이냐 시골이냐의 차이가 그리 크지는 않다고 생각해요. 이제는 온라인으로 세계가 하나로 섞였고, 온라인 환경 속에서 모든 것을 경험하게 되었잖아요. 그러니 문화적 격차, 환경적인 격차도 사라지죠.

**송이맘**    그렇네요. 좋은 대학을 정의하는 것처럼 좋은 환경이라는 것 자체도 변화되어 가고 있네요.

**민준맘**    이제야 비로소 동기와 태도 그리고 안목의 문제에 있어서 가치교육과 내재적 지식의 습득으로 교육의 방향을 전환해야 할 때라고 생각돼요. 하지만 누가 먼저 하느냐, 누가 먼저 깨닫느냐 하는 것이 문제겠죠.

**송이맘**    좋은 것이라는 것이 무엇인지, 누구에게 좋은 것인지 생각해 보게 되네요. 제가 그동안 엄마들과 상담할 때 엄마들이 "아이가 하기 싫

147

대요. 그만 할게요."라고 할 때가 많았어요. 그래서 아이가 싫다고 해서 그만두고, 하고 싶다고 해서 바로 해주는 것보다 싫으면 왜 싫은지, 뭐가 싫은지, 다른 방법으로 해결할 수는 없는지를 이야기하며 고민해 보라고 했어요.

**민준맘**  그만 두는 것에는 다양한 이유가 있을 거예요. 집안 문제일 수도 있고 엄마가 갑자기 생각에 변화가 있을 수도 있고 아이가 진짜 하기 싫다고 버틸 수도 있고요. 어떤 이유로든 시간과 돈의 투자에 대한 가치를 느끼지 못했을 때 아닐까요?

**송이맘**  그렇겠네요. 돈과 시간을 쏟았는데 시험 성적에 큰 변화가 없을 때도요.

**민준맘**  단편적인 상황에서 그 학부모의 결정을 설득을 통해 바꾸는 것은 그 사람의 생각의 변화를 이끌어 내야 하는 것인데 이는 결코 쉽지 않죠. 결국 상담 안에서 그 사람이 그렇게 생각을 바꾼 원인을 찾고, 그 해결책을 수강을 지속하는 상황에서 찾도록 해 주는 일밖에는 없어요. 정말 의도나 생각 없이 즉흥적으로 그런 결정을 내리는 상황이 많아요.

**송이맘**  그냥 자녀와 이야기하다가 화가 나서 "하기 싫으면 관둬!"라고 하는 것도 있겠죠.

**민준맘**  그렇죠. 감정컨트롤이 안 되어서요.

**송이맘**  이렇게 이야기하면서 그만두는 경우도 종종 있어요.

**민준맘**  사람인데 그럴 수도 있고 저럴 수도 있겠죠. 그런데 순간순간의 선택과 행동도 아이들에게는 학습이라는 것을 알아야 해요.

**송이맘** 갑자기 말이 조심스럽네요. 이런 대화를 통해서 저에게도 생각의 변화가 생기는 것 같아요.

**민준맘** 정말요?

**송이맘** 그리고 제가 하는 고민들이 대부분의 엄마들의 고민이죠. 아이의 생각을 존중해야 하지만 불안해서 어떻게 해야 하는지 모르고, 안목이 없다 보니 어렵게 느껴질 거예요. 그래서 요즘 아이들은 어떤 학원을 다니는지 물어보게 되고 동태를 살피게 되는 것이 아닐까요?

**민준맘** 동태를 살피는 이유는 뭐에요? 생각해 보신 적이 있으세요?

**송이맘** 다른 아이들이 하고 있는 것을 우리 아이가 하지 않는다면 뒤처지는 것 같고 나만 모르나 싶은 불안감도 있고 그런 것 같아요.

**민준맘** 그렇네요. 다 내 아이를 위한 고민이죠.

**송이맘** 그래서 만나면 시작하는 말이 "요즘은 무슨 학원 다녀?"래요.

**민준맘** 저도 그래요. 민준이에게 친구들이 다닌다는 학원을 물어보라고 해요. 우리 엄마들에게 학원은 어떤 의미일까요?

**송이맘** 학원은 아이의 부족한 학습을 보충해 주면서 결론적으로 엄마들에게는 시험 성적을 올려주는 기관의 의미일 수도 있고, 영재를 대상으로 하는 학원에서 높은 레벨반에 들어가면 남들이 보기에 아이가 잘하는 것 같고, 질 높은 교육을 받는 것 같이 느껴지죠. 시험 성적에 따라서 학원을 이리저리 옮기는 것을 보면 더 극명해요. 그런데 질 높은 교육이라는 것이 뭔가요?

**민준맘** 본질적으로는 자신의 인생과 미래에 도움이 되는 것을 배우는 것이 양질의 교육이겠지만, 우리 엄마들이 학원에 기대하는 것은 투자한

만큼의 결과죠. 그래서 학원이 존재하는 것이고요. 부모가 해 줄 수 없는 것을 돈을 받고 대신해 주는 역할을 하죠. 의식주와는 또 다른 지적인 문화 생활의 혜택을 통해 다시 한 번 자식에게 부모의 존재를 확인시키는, 부모로서의 능력을 재확인하는 의미도 있지 않을까 싶어요.

**송이맘**  그렇지 않은 경우는 능력이 없고, 자식이 잘 안 되면 자기 탓이라고 자책하겠죠.

**민준맘**  부모나 자식이나 서로 안 되었네요. 비싸고 고급스러운 학원을 선호하고 태어날 때부터 명품 아기 옷에 고급 산후조리원과 비싼 영어유치원을 다니게 하려고 노력하죠. 학원에서 시장 논리로 교육을 해석할 수밖에 없는 이유는 물질만능의 가치에 익숙하기 때문일 거예요. 많은 부모가 교육을 왜 하는지, 어떻게 하는 것이 내 아이에게 도움이 되는지, 누가 가르쳐주거나 스스로 깨닫지 못한 채 자식에 대한 마음을 사교육에 대한 투자로 표현하고 있어요. 맹목적인 투자를 통해서 자식이 발전했으면 하는 마음이 간절하겠죠.

**송이맘**  그 깊은 내면에는 자식에게 최고의 것, 최상의 것을 제공해 주고 싶은 마음이 있겠죠. 여기서 최고 또는 최상이라는 것이 자기 수준에서의 최상이 아니라, 다른 사람들의 기준에서 최고, 최상에 있다는 것이 문제인 것 같아요.

**민준맘**  네, 맞아요. 400만 원짜리 영어유치원과 150만 원짜리 영어유치원의 차이는 뭘까요? 어떤 교육적인 의미가 있을까요? 고급 교복과 맞춤형 케어, 고급 인테리어와 안락한 환경, 고급 교구와 좋은 선생님. 아이들이 그런 것의 가치를 알까요?

**송이맘**    잘 모를 것 같아요. 아까 인내를 이야기하면서 들었던 생각인데, 너무 나와 딱 붙어 있어서 그런 것이 내 삶에 있는지조차 모르고 있었던 것이 놀라웠어요. 그런 맥락에서 보면 문제를 인지하고 느끼는 것도 내 생활과 너무 붙어 있으면 오류가 있는지 뭔지도 모르게 되는 것 같아요.

**민준맘**    그렇네요. 이미 체득되면 그렇죠.

**송이맘**    그러니까요. 그래서 고생도 안하다가 하면 더 크게 다가와서 좌절감이 생기는 거겠죠.

**민준맘**    그렇네요.

**송이맘**    또 너무 고생하다가 갑자기 벼락부자가 되도 감당할 능력이 안생겨서 문제가 되는 것처럼요.

**민준맘**    로또 맞은 사람처럼요? 대부분 그런 사람들이 망한다면서요?

**송이맘**    그렇죠.

**민준맘**    상황이 갑자기 많이 바뀌어서 그런가? 충분히 그 돈의 가치를 알고 써야 하는데 그게 잘 안 되는 거죠.

**송이맘**    그것을 감당할 능력이 없어서래요. 지난주에 하브루타에서 했던 이야기예요.

**민준맘**    아, 그래요?

**송이맘**    그래서 유대인들은 돈의 쓰임을 먼저 가르친대요. 앗, 그러고 보니 하브루타 수업도 오늘이 마지막이네요.

**민준맘**    돈이요? 어떻게 가르친대요?

**송이맘** 앞서 한 번 말했지만, 째다까라는 저금통을 방마다 놓고 동전을 발견할 때마다 넣어서 모아지면 그것을 가지고 불쌍한 사람을 돕는 대요. 그리고 용돈도 바로 주지 않고 집안일 중에서 자기 물건이나 방을 정리하는 등 다른 사람이 해야 하는 일을 도왔을 때 준다고 해요.

**민준맘** 그러면서 아이들은 돈을 어떻게 인식할까요? 노동 그리고 노동의 대가를 돈으로 바꾼다는 의미는 뭘까요?

**송이맘** 그 노동의 대가라는 것은 내가 몸을 움직여서 돈을 버는 것을 알게 해주는 것이고 그렇게 힘들게 번 돈을 나만을 위해서 사용하는 것이 아니라 의미 있게 사용하도록 가르치는 거죠. 그들은 자신이 가진 지식과 능력으로 기업을 세우는 것도 남을 돕는 것이라고 배운 대요. 왜냐하면 기업을 세우는 것은 내가 다른 사람들에게 일자리를 줘서 그들에게 수입의 원천을 제공하는 것이니까요.

**민준맘** 돈은 노력의 대가이고 남을 돕는 힘도 있다는 것이군요. 그렇다면 우리나라의 아이들이 갖는 돈의 가치와 유대인이 갖는 돈의 가치는 어떤 점이 다를까요?

**송이맘** 우리나라의 돈의 가치는 나를 위주로 생각한다는 것이 아닐까 싶어요. 유대인들은 모든 삶의 기준이 나의 정체성을 정확히 확립하고 다른 사람에게 도움이 되는 삶을 사는 데 가치를 두는데, 우리나라는 나와 내 가족을 제외하고는 경쟁의 대상이기 때문에 이겨야 하고 많이 가져야 한다고 생각하죠.

**민준맘** 그렇네요. 소유의 가치, 비교의 가치, 경쟁의 가치로 인식하죠.

**송이맘** 우리나라는 돈이나 성적 등 모든 것이 경쟁에서 이겨야 하는 존재예요. 회사도 마찬가지죠. 내가 더 월등해 보이는데도 남이 나보다 앞서간다 싶으면, 인정하고 자기 스스로 발전하려고 애쓰기보다 눈엣가시처럼 여기는 것도 다 같은 맥락이에요.

**민준맘** 자신의 삶을 제대로 살지 못하는 탓이네요. 남과 비교해서 자신의 존재를 인식하려고 하는 것 말이에요.

**송이맘** 그렇죠, 비교!

**민준맘** 우리나라만 그런가요? 유대인은 비교해서 자신의 위치를 정하지 않나요?

**송이맘** 아직 그런 이야기는 나눠보지 못했어요. 오늘 한 번 여쭤봐야겠네요.

**민준맘** 네, 여쭤보고 알려 주세요.

**송이맘** 네. 질문이라는 것이 참 신기하네요. 처음에는 단순히 '교육이 뭐지?'에서 시작했던 생각 속에 참 많은 것이 들어 있고 또 많은 것과 관련되어 있다는 것이 신비로워요.

**민준맘** 다행이네요. 그런데 일반 엄마들도 이런 이야기를 이해할 수 있고, 또 이런 이야기를 나누는 것이 도움이 될까요?

**송이맘** 도움이 될 것 같아요. 하지만 개인적으로나 적은 인원으로 이런 부분에 대해 전혀 알지 못하는 사람들끼리 가능할 것 같아요. 자신이 깊이 고민하는 부분에서부터 시작하면 많은 도움을 얻을 수 있지 않을까요? 그럼 인식이 변하고 안목이 생기며, 그것이 아이에게 영향을 미치는 변화를 이끌어 내겠죠.

**민준맘** 우리가 유대인, 미국인을 항상 추종해 왔으나, 한국의 교육학을 정립하는 것도 가능하고 자긍심을 높일 필요도 있다고 생각해요.

## 송이맘의 생각

"우와, 아빠다!" 남편이 퇴근하면서 아이들의 선물을 사왔다. RC카 두 대. 남편이 들어와서 편하게 설거지를 하고 있는데, 아이들의 목소리가 점점 커진다. 왜 그런가 싶어 가봤더니 막내가 형의 것과 자기 것을 비교하면서 연신 투덜거린다. 나는 너무 화가 났다. 똑같은 것을 사줘도 싸우고 없어도 싸우고 도대체 뭐가 문제란 말인가. 비교의식은 만족감을 느끼지 못하게 하는 마취제인가 보다. 유대인들은 비교의식이라는 것이 없다고 한다. 어려서부터 가정 안에서 자아정체성에 대해 명확하게 가르치고 공동체를 가르친다고 한다. 나는 교육이라는 큰 틀을 불평불만하면서, 학교라는 곳에서 또는 학원이라는 곳에서만 가르치려 하지는 않았는지 생각해 보게 된다. 나의 역할은 빼고 말이다.

스물다섯 번째 톡.

# 유대인의 교육은 어떻게 다른가?

비교가 아니라 정체성의 확립을 이끌어 줘야 한다!

**송이맘** 탈무드와 하브루타에 대해 좀 더 자세히 알 수 있는 곳이 있어요. 이 것(http//cafe.naver.com/talmudkorea) 한 번 보세요.

**민준맘** 유대인은 완전한 교육철학이 있네요. 정말 부러워요.

**송이맘** 그렇죠?

**민준맘** 우리나라도 그런 것을 정립해야 하는데요.

**송이맘** 많이 필요한 것 같아요. 그런데 최근에 서점에 가 보니 개인에게 포 커스가 많이 맞춰진 책들이 많아졌더라고요.

**민준맘** 그래요? 개인적인 성찰, 그런 것을 필요로 하게 되겠죠! 다방면에서 요. 어제 책을 정리하면서 느낀 것이 '해라, 뭐 해라.'의 말투가 '이게 옳다, 해라.'보다는 물어봐 주고 고민을 들어주고 그걸 스스로 깨닫 게 하는 방식인 것 같아요. 이것은 플라톤, 소크라테스가 지은 고전 책들의 서술 방식이라는 것을 알게 되었죠. 하브루타도 그렇고요.

**송이맘** 사실 누구나 늘 마음속에 고민이 있지만 쉽게 물어보지 못하잖아요.

**민준맘** 개인 정보는 노출 안하면서 해답만 알아내는 방법은 없을까요? 영화 중에서 개인이 직접 스토리를 결정해서 선택하며 보는 것이 있어요. 그런데 별로 히트치지를 못했죠.

**송이맘** 아, 그런 게 있군요.

**민준맘** 그런데 생각해 보면 왼쪽으로 갈래, 오른쪽으로 갈래와 같은 선택이 었어요. '누구에게 전화를 걸래?' 그 정도랄까요? 정해진 범위 내에서요. 좋은 시도였지만 흥미로 끝났죠.

**송이맘** 그랬군요. 의도는 좋은데 사람들에게 익숙하지는 않네요. 좋은 시도이긴 한 것 같아요.

**민준맘** 네, 그렇죠?

**송이맘** 자기가 선택하도록 하는 것은 좋은 것 같아요. 어제 엄마들과 비교에 대해 이야기하며 모두가 생각해 보는 시간을 가졌어요. 유대인들은 정체성이 확립되어 있기 때문에 비교하지 않는대요. 그리고 그들은 공동체 문화여서 부모들이 자녀를 키울 때도 서로 어떤 능력이 있는지, 어떤 달란트가 있는지를 살피며 키운대요.

**민준맘** 요즘 저는 제 정체성을 고민하고 있어요. 나는 왜 이런 공부를 하고 어떤 존재가치를 가지고 있는가? 내면의 성찰을 이제 시작한 것 같아요.

**송이맘** 제가 이번 대화를 통해서 새롭게 알게 된 것은 많은 책을 읽는 것보다 많은 유의미한 대화를 나누는 것이 사람을 더 성장시키고 변화시킬 수 있다는 거예요.

**민준맘** 그렇네요.

## 송이맘의 생각

민준맘과의 대화를 통해 새로운 경험을 하게 되었다. 처음에는 교육의 목적에 대해 궁금한 것들이 있어서 교육학도인 민준맘이 생각나 시작된 대화였다. 그런데 이야기를 나누면 나눌수록 계속해서 나를 돌아보게 되고, 내 마음 깊숙이 자리 잡고 있는, 나만 알고 있는 본심을 끄집어내어 보게 되었다. 나의 자녀들을 자세히 들여다보게 되었다. 남편을 자세히 들여다보게 되었다. 요즘 엄마들이 커피를 마시러 가거나 모임을 갖게 되면 삼삼오오 모여서 교육의 문제점을 논하기도 하고 학원 정보를 공유하기도 한다.

하지만 내가 민준맘과 교육에 대해 이야기를 나누다 보니 내가 알고 있던 교육이 아닌 것 같다. 교육은 마치 대서양, 태평양처럼 넓은 범위인 것 같다. 학교와 학원은 그 넓은 것 안에 있는 점 하나와 같은 존재들이다. 이것이 민준맘과의 대화를 통해 내 마음에 간직하게 된 것들이다. 나 또한 지금 이 순간에도 교육이라는 큰 테두리 안에서 점인 것일까?

스물여섯 번째 톡.

# 선한 동기는 왜 중요한가?

선한 동기가 세상을 바꾸는 힘을 가진다!

**민준맘**　몇 년 전부터 대기업도 교육시장에 투자하려는 모습이 많이 보여요. 생각보다 거대하고 미래가치가 탄탄하며 단순한 시장이 교육시장 이라 불황이 없다고 생각하죠.

**송이맘**　갑자기 동화 이야기가 생각나네요. 동화를 보면 누가 잘되었다는 소 문을 듣고, 행위만 똑같이 따라하잖아요.

**민준맘**　동화 이야기요?

**송이맘**　동화에서 보면 선한 동기를 가지고 행동하는 사람을 질투하거나 부 러워 해서 나쁜 동기를 가지고 따라하게 되는데, 결과는 우리가 예 상하듯이 결국 선한 동기를 가지고 행동한 사람과는 반대의 것을 받 는다는 이야기가 생각났어요. 〈흥부와 놀부〉가 대표적이죠.

**민준맘**　그렇네요, 정말. 〈혹부리 영감〉나 〈신데렐라〉도 그렇죠.

**송이맘**　그런데 저는 선한 동기를 가지고 소신 있게 나아간다면 반드시 그

소신이 빛을 발할 때가 있을 거라 생각해요. 그것을 알아보는 사람이 생기고 함께 갈 때 더 멋진 일이 생길 거라고 확신해요.

**민준맘** 그런데 자신은 소신을 지킨다고 하면서 늘 다른 사람과 동떨어져 있게 된다면 그것도 잘못된 것이 아닐까요?

**송이맘** 똑같이 말하는 사람들의 동기가 무엇인지 살핀다면 정답은 나오죠. 같은 말을 하는 사람들의 동기가 모두 선한데 나 혼자만 동떨어져있다면 내가 문제이겠지만, 같은 말을 하고 있는 사람들의 동기가 돈을 벌기 위함이고 교육에는 불황이 없기 때문이라면 혼자 동떨어져 있는 것이 옳다고 생각해요.

**민준맘** 사업의 성공 포인트는 좋은 마인드와 시장을 보는 눈, 때를 포착하는 안목 그리고 운이겠죠.

**송이맘** 그렇죠.

**민준맘** 그런데 그런 사람이 운도 좋고 안목도 좋아서 돈을 잘 벌고, 그만 한 사회적 지위를 확보하면 세상을 바꿀 수 있는 힘을 가지게 된다고 생각해요. 물론 세상을 바꿀 생각이 없는 사람이 대다수이지만요.

**송이맘** 그런데 그 사람이 세상을 바꿀 생각이 있을까요?

**민준맘** 그렇죠. 그게 문제인 듯해요.

**송이맘** 안목도 있고 운도 있어서 성공은 했고 힘을 가졌지만 정말 마음 깊은 곳에 세상을 변화시키고 싶은 마음이 있는지가 중요하죠.

**민준맘** 성공은 했으니 자기 인생에서 성공의 크기를 키우려고 하겠죠. 더 큰 성공으로 마무리하려고요.

**송이맘** 결국 동기가 성공의 크기를 키우기 위해서라면, 더 큰 성공의 마무리라면 그것 또한 선한 동기가 아니기 때문에 절대로 세상을 제대로 바꿀 수 없다고 생각해요. 선한영향력도 미칠 수 없고요.

**민준맘** 그렇겠네요. 선한 동기를 계속 유지하는 것도 도움이 되겠네요.

**송이맘** 그렇죠. 선한 것은 결국 선한 것을 낳는 법이니까요.

**민준맘** 방향을 설정하고 자신의 삶을 사는 데 있어서 선한 동기를 갖는 것이 답이 되겠네요.

**송이맘** 어쩌면 선한 동기를 따라 가는 것이 좁은 길을 택한 것 같아 보일 수도 있어요. 그 결과는 당장 내 눈앞에 보이지 않을 수도 있고 넓은 길을 선택한 사람들의 결과가 그럴 듯해 보일 수 있지만, 우리의 선한 동기로 인해 변화될 누군가의 인생에서 그 가치를 찾는다면 그것이 진정한 보상이 아닐까 싶어요.

**민준맘** 그렇죠.

**송이맘** 선한 동기의 수혜자가 내 자식이 될 수도 있고 나의 손주들이 될 수도 있고요.

**민준맘** 남는 것은 그 사람이 남긴 가치이지, 그 사람이 쌓은 돈이 아닐 테니까요. 결국 선한 동기에서 만들어진 가치들은 더 큰 가치의 동기가 될 수 있어요.

**송이맘** 내가 만나지 못한 누군가의 인생이 바뀐다면 그게 진정한 교육자이고 선한 영향력일 것 같아요. 예전에 동기가 선하면 모든 것이 잘된다고 말씀해 주신 분이 있었어요.

## 송이맘의 생각

소신이 있다는 것은 과연 무엇을 의미할까? 나도 소신 있게 자녀를 키운다고 나름대로 고민하며 노력한다. 그런데 민준맘과 대화를 나누다보니 문득 이것이 소신이 아니라 '괜한 고집이면 어쩌나.' 하는 생각이든다. 나름대로 아이들을 가르친다고 내가 붙잡고 있는 것들이 잘못된 것이 될까봐 두렵기도 하다. 그냥 남들이 하는 것처럼 학원을 알아봐서 보내고 좋은 선생님을 찾아보는 것이 현명한 것은 아닐까. 하지만 그때마다 나를 점검할 수 있는 것은 나의 동기가 무엇인가를 살피는 것이다. 나의 동기는 선한가? 나는 무엇에 가치를 두는 사람인가?

스물일곱 번째 톡.

# 자기 정체성을 어떻게 찾는가?

상황에 따라 당신은 어떤 정체성을 가지고 선택하나?


**송이맘**  마지막 하브루타 수업을 하면서 선생님께서 질문 세 가지를 던지셨
어요. 그 질문을 민준맘에게 드릴게요. 첫 번째, 길을 가다가 지갑을
주웠는데 그 속에 1만 원이 들어 있다면 어떻게 하시겠어요?

**민준맘**  경찰서에 가져다 줄 것 같아요.

**송이맘**  그럼 두 번째 질문이에요. 똑같이 길을 가다가 지갑을 주웠는데 그
속에 1만 원이 들어 있어요. 그런데 공교롭게도 그때 나는 월세가 딱
1만 원이 밀려 있는 상황이라서 그 돈을 행운이라고 생각하고 가져
다가 내면 해결이 됩니다. 어떻게 하시겠어요?

**민준맘**  그런데 월세로 내 버리더라도 당장은 문제가 해결되겠지만, 솔직히
두고두고 마음이 불편하고 불안할 것 같아서, 경찰서에 그냥 가져다
줄 거예요. 만일 정말 행운이면 주인이 나타나지 않아서 경찰서에서
제게 다시 돌려줄 수도 있겠지만, 우선 마음이 편하고 싶어요.

162

**송이맘**  그럼 이제 마지막 세 번째입니다. 자식이 너무 아파서 병원에서 치료 중인데 1억 원이라는 큰돈을 밀리고 말았어요. 그런데 평소에 알고 있었던 지인이 찾아와 너에게 필요한 모든 재정을 다 대줄 테니 불의한 일에 가담하라고 제안한다면 어떻게 하시겠어요? 그 일에 함께한다면 자식도 살릴 수 있고, 부도 얻을 수 있어요. 우리 가족들도 나로 인해 잠깐이지만 행복을 느낄 수 있죠. 그것을 거절해서 지금과 같은 상황이 계속된다면 그때 어떤 결정을 내리시겠습니까?

**민준맘**  자식의 생사가 달린 문제라면 불의한 일에 가담하겠어요. 내가 희생하더라도요. 생명을 살리는 일이 될 테니까요. 가족도 행복해질 수 있고, 특히나 생명보다 소중한 것이 뭐가 있겠어요.

**송이맘**  그것이 자신의 정체성이라고 하시더라고요. 첫 번째, 두 번째는 모두가 쉽게 대답하지만, 세 번째에서는 쉽지 않더라고요.

**민준맘**  아, 정체성이요.

## 송이맘의 생각

하브루타 선생님께서 나는 '어떤 사람인가?'에 대한 정체성은 항상 극한 상황에서 드러난다고 하셨다. 물론 세 가지의 질문에 대답을 하려면 생각을 해야 하지만 나는 세 번째 질문을 들었을 때 답하기 힘들었다. 왜냐하면 아무래도 자식이 결부되다 보니 생각하는 것도 쉽지 않고, 답을 하는 것도 쉽지 않았다.

하지만 이런 질문을 듣고 생각을 하고 답을 하는 과정에서 문득 나에게 질문이 떠올랐다. '이렇게 목숨도 아깝지 않을 정도로 끔찍이 아끼고 사랑스러운 자식인데, 사랑한다는 말을 왜 이렇게 아꼈을까?' 아이들을 키우다 보면 사랑하는 마음은 깊숙이 숨겨놓은 채 "다 너 잘되라고 그러는 거야."라고 하면서 채근만 하게 된다. 오늘부터라도 아이들에게 아끼지 말아야 할 말이 있다. 바로 '사랑해'이다.

스물여덟 번째 톡.

# 어떻게 해야 행복하게 공부할까?

동굴 밖 빛을 스스로 찾을 수 있는 안목을 키워 주어라!

**송이맘**  민준맘은 좋으시겠어요.

**민준맘**  왜요?

**송이맘**  교육에 대해 나름의 가치관도 분명하고, 도통하신 것 같아요.

**민준맘**  아니에요. 매일 고민이 많죠. 내가 발견한 현상이 본질이 아닐 수도 있고, 제가 틀릴 가능성도 있다고 생각해요. 저는 항상 제가 생각한 것이 맞지 않을 수 있다고, 부족한 점이 많다고 생각해서, 계속 공부하고 고민하면서 살아가는 것 같아요.

**송이맘**  그런 것이 성장을 만드는 것 아닐까요? 내가 생각한 것이 맞지 않을 수도 있다는 생각 말이에요.

**민준맘**  항상 눈과 귀를 열고 다른 사람들의 눈높이로 그 사람들을 이해하려고 하고, 그들이 무엇을 보지 못하는지, 그들의 생각과 나의 생각이 어떻게 다른지 그리고 나의 생각에서 고칠 점은 없는지, 내가 전달하려고 하는 나의 생각이 이해하기 쉬운 것인지를 고민하면서 노력해야 할 의무가 있다고 생각해요. 플라톤의 '동굴의 비유'에서 빛을 보고 다시 동굴로 들어온 사람이, 동굴 속에서만 살던 사람들을 이해하고 그들의 눈높이를 서서히 높여 주려고 노력한다면 그제야 비로소 교육적인 결실이 생기겠죠.

**송이맘** 그렇겠네요.

**민준맘** 그리고 한편으로는 자신이 빛을 보고 왔다는 것을 처음에 감추는 것도 현명한 것 같아요.

**송이맘** 맞아요. 너무 다 보여 주면 화들짝 놀라서 도망갈 수 있죠.

**민준맘** 레오나르도 다빈치의 생각이 지금도 회자되고 있고, 또 그의 아이디어가 곳곳에서 활용되는 것은 바로 그의 생각이 수천 년을 앞서가기 때문이에요. 자신의 생각을 스케치와 노트로 남긴 것은 다빈치의 탁월한 판단력이 아니라 그의 운명이라는 생각이 들어요. 다빈치는 미래에 그런 메시지를 전달하려는 것이 아니라 자신의 복잡한 생각을 어딘가에는 풀어 놓아야 마음이 편했고, 행복했을 거예요.

**송이맘** 애플사에서 쫓겨났던 스티브 잡스가 10년이 지난 후 다시 애플사로 복귀했을 때 내적으로 어떤 것이 변했을까요?

**민준맘** 잡스는 잡스 나름대로 10년간 다른 회사에서 다른 작업들을 하며 애플사가 고전하는 모습을 보면서 그때 자신을 좀 낮췄더라면, 좀 더 타협했더라면 좋았겠다고 생각하지 않았을까요? 10년 후에 만났을 때 그들은 서로 감정적으로 성숙했고 서로 간에 그리움과 신뢰가 쌓여 있었죠.

**송이맘** 그것을 보면 잡스가 변한 게 아니라 애플사가 변한 것 같다는 생각이 들어요.

**민준맘** 저는 잡스도 변했을 것 같아요.

**송이맘** 음. 저는 이것을 '변했다'라고 하고 싶지 않고 성장한 것이라고 표현하고 싶어요.

**민준맘** 사실 본질은 변한 게 없었어요. 잡스의 본질은 사람의 있는 그대로의 생각과 자연적으로 만들어진 인체 그 자체를 활용하기 쉽도록 하는 데 있죠. 예를 들어, 스마트폰은 사람의 손으로 안정적으로 잡을 수 있는 크기예요.

**송이맘** 그것을 알아보지 못했던 애플사가 시간이 지나서 그것을 알게 되면서 손을 잡은 것이라는 생각이 들었어요.

**민준맘** 손가락으로 터치하는 것! 애플사의 아이디어들은 인간이 고유하게 가지고 있는 것을 최대한 쉽고 간단하게 활용하는 데 초점이 맞춰져 있어요.

**송이맘** 아마 그것은 잡스의 머릿속에서 죽을 때까지 변하지 않는 생각이었을 것 같아요.

**민준맘** 맞아요. 전에 저희 연구소 소장님이 제게 6년을 혼자 앞서가면 다른 사람과 말이 안통하게 되고 심지어 함께 연구할 수 있는 다른 사람을 키울 수 없다고까지 하셨어요.

**송이맘** 맞는 말이네요.

**민준맘** 그러니 속도를 조정하고 3년만 앞서가고 그 이상은 머릿속에 담아뒀다가 남들이 이해할 수 있다고 생각되는 순간에 하나씩 꺼내라고 하셨죠. 그럼 남도 성장하고 너도 성장할 수 있다고요.

**송이맘**  그게 현명한 것일 수 있겠어요. 여기서 중요한 것을 함께 가야 한다는 것 같아요. 계속 혼자라면 둘 다 잘될 수 없고, 외로울 테니까요. 결국 함께 가야 하는 거죠.

**민준맘**  요즘은 혼자, 외로움의 힘이 중요하다고 말하는 책이 많은 듯해요.

**송이맘**  어떤 마음을 가지고 어떤 생각을 가진 사람과 어디를 향하여 함께 가야 한다는 것. 이것을 또다시 고민해 봐야 하지 않을까요?

**민준맘**  그것을 계속 고민하는 게 삶이고 어떤 것이든 선택을 필요로 하겠죠. 때론 행복하고 때론 고통스러울 수 있겠지만 그게 삶인 거죠.

**송이맘**  그렇네요.

**민준맘**  그리고 그 안에서 자신의 존재를 발견하게 될 것 같네요.

**송이맘**  그렇게 되겠지요. 자신을 확인하고 만나야죠.

**민준맘**  동굴 밖의 빛을 본 사람일수록 그 사실을 숨기고, 말을 아끼고 동굴 밖의 빛을 글과 그림으로 남겨서, 언젠가 사람들이 자발적으로 그런 빛을 필요로 하게 되는 날, 널리 활용할 수 있도록 하는 것. 그것이 동굴 밖의 빛을 본 사람이 해야 할 일이 아닐까요?

**송이맘**  만일 제가 동굴 밖의 빛을 본 사람이라면 그것을 동굴 안의 사람이 이해할 수 있는 언어로 바꿔서 설명하고, 그들이 이해할 수 있는 방법을 빨리 찾아 설득해서 데리고 나와야 하지 않을까요? 그것이 교육 아닌가요? 설득과 이해?

**민준맘**  동굴 밖의 빛을 어렴풋이나마 보고 계신가요?

**송이맘**  그랬나봐요.

**민준맘**  내가 다른 사람이나 현실을 바꾸려고 무언가 빠르게 액션을 취하려 한다면 무리가 따를 수 있다고 생각해요.

**송이맘**  혼자만 빛을 보면 마음이 편하지 않다면서요.

**민준맘**  설득과 이해보다는 결국 빛은 스스로 찾을 수 있는 안목을 키워 주는 것이 교육이라고 생각해요.

**송이맘**  끌어내면 고마워하지 않을까요?

**민준맘**  눈을 다칠 수도 있겠죠. 결국 동굴로 돌아와 눈을 다치게 한 동굴 밖 빛을 두려워 하게 될 수 있어요. 결국 자기몫인 거죠.

## 송이맘의 생각

가장 이상적으로 자녀를 키운다는 것은 무엇일까? 나는 대화 중에 동굴 밖을 보았다고 생각했는데, 결론적으로 나는 동굴 밖이 있고, 빛이 있다는 것만 민준맘에게 들어서 어렴풋이 알게 된 것은 아닐까? 사실 아직도 동굴 밖 빛이 무엇인지 잘 모르겠다. 여태 나는 아이들이 동굴 밖, 남들이 인정하고 동경하는 빛의 세상으로 나가기 위해 하나의 길이 있다고, 그 내용을 잘 배우고 숙지해서 빨리 나가야 한다고 아이들에게 강요하고 있었던 것은 아닐까? 남이 동굴 밖으로 나갔다는 소문만 듣고, 한 발짝이라도 틀리게 내디디면 나타나서 정신차리고, 앞을 똑바로 보라고 큰 소리만 내고 있었던 것은 아닌지.

동굴 밖으로 나가기 위해서는 우선 동굴 안에서 자신만의 정확한 빛을 발견하고 빛을 향해 자발적으로 나갈 수 있는 지혜와 판단력이 필요하다. 또 동굴 밖 빛을 제대로 찾을 눈이 건강하게 자라도록 단련할 기회도 주고, 다독여 주고, 인내를 키울 수 있도록 돕는 것이 동굴 밖으로 나가는 설명서를 쥐어주는 것보다 더 중요한 부모의 역할이다.

민준맘은 분명히 동굴 밖의 빛을 본 사람이면서, 동굴 밖으로 제대로 길을 찾아 나가든 나가지 않든 그것은 아이의 몫이고 내가 억지로 끌어내서는 안 된다고 했다. 하지만 나는 아직도 내가 끌어내서라도 우리 아이들을 동굴 밖으로 내보내주고 싶다.

# 왜내아이는가르치기어려울까?

부모의 감정을 읽히면 아이의 학습에 부정적일까?

**민준맘** 이제야 차 한 잔 들고 컴퓨터 앞에 앉았어요. 아, 오늘 발견한 좋은 글귀가 있어요. 스티브 잡스가 스탠퍼드 대학의 졸업식장에서 한 말이래요. "내가 나의 호기심과 '직관'을 따라가다가 부딪힌 것 중 많은 것들은 나중에 값으로 메길 수 없는 가치들로 나타났습니다. 가장 중요한 것은 당신의 마음과 직관을 따라가는 용기를 가져야 한다는 것입니다."

**송이맘** 직관을 따라가는 용기라……

**민준맘** 그러게요.

**송이맘** 문득 왜 송이가 쉬운 문제를 틀렸을 때, 내가 공부를 하기 시작했을까를 고민해 봤어요. 송이는 왜 그랬을까, 송이에게 그 개념을 어떻게 설명해 줘야 할까 등을 고민하면서 문제를 해결했던 것 같아요. 다양한 문제들을 만날 때마다 왜 그런지, 무엇이 문제인지, 그 문제를 해결하기 위해서는 내가 지금 무엇을 해야 하는지 등을 고민하면 서 지금까지 온 것 같아요. 다른 사람과 나의 문제 해결 방식에 있어 서 차이점이 있는 것 같은데 아직 그것을 못찾았어요.

**송이맘** 문제를 해결하는 방식에 있어서 우선 내부에서 찾는 사람이 있고, 반면 외부에서 해결 방법을 찾으려고 하는 사람도 있어요. 학원을 알아보고 과외선생님을 찾아보는 것처럼요. 아이가 학습적으로 문 제를 보일 때 학원을 찾고 과외선생님을 찾는 것이 일반적인데, 왜 난 굳이 내가 공부하려는 마음을 갖게 되었을까요? 막 이런저런 생 각들로 머릿속이 복잡하네요.

**민준맘** 학습적으로 문제를 보일 때 다른 사람을 찾는 것은 본인이 그런 문 제 해결을 할 수 없다고 스스로 판단해서, 문제 해결에 도움이 될 만 한 사람을 찾는 것이죠.

**송이맘** 그렇군요.

**민준맘** 그런데 스스로 문제 해결 방법을 찾으려고 하는 사람과 도움을 받을 사람을 먼저 찾는 패턴을 보이는 사람의 특징을 어떻게 구분할 수 있을까요?

**송이맘** 글쎄요. 저도 잘 모르겠어요.

**민준맘** 저는 대체적으로 여태까지 제가 스스로 문제를 해결해 보려는 경향 이 강했어요. 생각해 보니 아주 어릴 때부터 거의 혼자 지내서 스스 로 문제를 해결하는 경험이 강제적으로 주어지기도 했죠. 그래서 어 쩔 수 없이 하다 보니 나름 자기유능감이 생겼어요. 그것이 조기 성 취 경험에서 오는 자기효능감이라는 생각이 드네요. 그리고 그러한 습관이 몸에 배어버렸죠. 그런데 아이러니하게도 민준이 공부에 제가 처음 개입했을 때 효율이 떨어진다는 생각을 하게 되었어요.

**송이맘** 그런 패턴을 보이는 사람의 특징은 생각할 시간이 많고 혼자 문제를 해결해야 하는 상황에 많이 노출되어 있는 사람일 것 같네요.

**민준맘** 네. 그런데 자기 자식은 자기가 못 가르친다는 말을 민준이를 키우면서 확실히 알게 되었어요. 대체 왜 그럴까요?

**송이맘** 자기자식을 가르칠 때는 감정이 앞서서 그런 것이 아닐까요? 뭔가 욕심이 먼저 앞서게 되잖아요.

**민준맘** 어떤 감정일까요?

**송이맘** 욕심과 기대, 이런 것들이죠.

**민준맘** 그리고 그게 아이들에게 읽히는 것일까요? 그러면 그러한 감정이 읽히는 것이 학습에 왜 부정적일까요?

**송이맘** 생각을 한 번 해봐야겠어요.

## 송이맘의 생각

아이의 숙제를 확인하다 보면 아무래도 엄마들이 아이들을 가르치는 경우가 생긴다. 나도 아이가 세 명이다 보니 학교 숙제나 학원 숙제를 채점하다가 모르는 것을 설명해 줘야 할 일이 많아졌다. 그런데 이상하게도 아이에게 처음에는 웃으면서 설명을 시작했다가도 서로가 얼굴을 붉히면서 수업을 마치게 되는 경우가 다반사였다. 나만 그런 줄 알았더니 민준맘도 그런가 보다. 왜 그럴까를 생각해 보니 아이에 대한 기대, 당연히 이런 것쯤은 알 것이라고 생각했던 것에 대한 실망 때문이 아닐까 싶다. 이러한 감정들이 교차되면서 감정 컨트롤을 하기가 쉽지 않은 것 같다. 세상에서 제일 좋은 선생님은 '엄마'라고 하는데, 어떻게 하면 나도 그런 엄마가 될 수 있을까?

서른 번째 톡.

# 왜 존재가치를 잃어버릴까?

부모의 존재가치와 아이의 존재가치는 분명히 다르다!

**민준맘** 데카르트의 '나는 생각한다. 고로 존재한다.'라는 말에서 나의 존재를 남이 확인시켜 줄 수도 있겠고, 자기 스스로 확인하면서 살 수도 있겠다는 생각이 들었어요. 그런데 '나는 생각한다. 고로 존재한다.'의 전제는 내가 생각해야 하는 것이잖아요. 나의 존재를 자기의 생각, 인생 속에서 확인하면서 살아가는 가장 좋은 방법이 무엇이라고 생각하세요? 또 나의 존재를 세상 사람들이 잃어버리게 된 가장 큰 이유들은 무엇이라고 생각하는지 궁금해요.

**송이맘** 글쎄요.

**민준맘** 저는 학교에서 성적을 매기기 시작하면서부터 '나의 위치와 나의 존재'를 잃어버리게 되는 것 같아요.

**송이맘** 1등만 존재감이 있는 거겠죠? '1등만 기억하는 더러운 세상'이라는 유행어도 있었잖아요.

175

**민준맘** 1등도 항상 1등은 아니죠. 학교에서 1등이더라도 사회에서 꼭 1등인 것은 아니죠. 항상 성공하는 것도 아니고요. 또 상급학교에 가면 자연적으로 등수가 떨어지기도 하고, 1등이라는 자신의 이미지나 존재가 어느 순간에 부담스럽고 괴로울 수 있다고 봐요.

**송이맘** 그렇네요. 어쩌면 1등을 해본 사람이 더 안 되었네요.

**민준맘** 꼭대기에서 일찍 놀아볼수록 그 이후가 부담이 될 것 같아요.

**송이맘** 100점을 맞고, 1등을 하는 것이 교육과 학습의 목표가 되어 버렸기 때문에, 1등을 했을 때 일시적으로 존재감을 느끼죠. 그것은 엄마도 마찬가지예요. 공부 잘하고 반장이고, 영재교육원에 합격한 아이의 엄마들은 존재감을 제대로 느끼겠지만, 그 외의 엄마들은 존재감이 없죠. 돈이나 많아서 기부하면 존재감이 있을지 모르겠지만요.

**민준맘** 좋네요. 기부를 통한 존재감.

**송이맘** 하지만 학교에서는 결국 공부예요. 돈을 많이 기부해 봤자, 돈의 원천인 엄마의 존재감은 살겠지만, 부모를 잘 만나서 좋은 사교육을 받고도 공부 못하는 아이는 더 존재감이 없어지게 돼요.

**민준맘** 그러고 보면 돈으로도 안 되는 문제가 있네요.

**송이맘** 좋다는 선생은 다 들이대지 않았겠어요?

**민준맘** 대신 요즘 같으면 금수저라는 존재감이 있잖아요.

**송이맘** 그렇네요. 금수저와 흙수저론은 결국 금수저들의 존재감을 되찾기 위한 이론이네요.

**민준맘** 흠, 그렇게 해석할 수도 있군요.

**송이맘** 그럼 흙수저를 금수저로 바꾸는 방법이 있을까요?

## 송이맘의 생각

아이도 엄마도 사람이다. 나도 누군가에게 인정받을 때 행복감을 느끼게 된다. 인정을 받는다는 것은 나의 존재가치를 인정해 주는 것을 말할 것이다. 하지만 자신의 존재를 인정받는 기준은 무엇일까? 직장을 다니는 사람이라면 일적으로 성과를 올렸을 때일 것이고, 학생이라면 공부를 열심히 해서 시험 성적이 좋았을 때일 것이다. 그렇다면 직장인을 회사로 보내서 좋은 성과를 얻게 하고 학생이 좋은 성적을 얻도록 돕는 '엄마'라는 존재는 어디에서 가치를 찾게 될까?

민준맘과 대화를 나누면서 많은 엄마가 자신의 존재가치를 남편이 회사에서 승진하여 안정적인 자리를 보존하도록 돕는 것에서, 자식이 학교에서 좋은 성적을 받아 좋은 대학을 가고 남들이 부러워하는 직업을 얻는 것에서 확인하려고 한다는 것을 알게 되었다. 그래서 아이들이 다 커서 엄마의 손길을 필요로 하지 않을 때, 남편이 회사에서 퇴직을 하게 된 후에 엄마라는 존재는 가치를 잃게 되어 우울증에 걸린다는 이야기가 있나 보다. 지금부터라도 나는 나의 존재가치를 어디에 두고 살아가야 할지 고민해 보아야겠다.

서른한 번째 톡.

# 흙수저가 금수저가 될 수 있나?

흙수저가 이기는 세상을 살아가려면 어떻게 해야 되는가?

**송이맘**  미래를 예측하는 가장 좋은 방법은 미래를 직접 만드는 것이라는 말을 찾았어요.

**민준맘**  와우! 저도 좋은 글귀를 소개해 드릴게요. 잭 웰치는 "자신의 직관을 스스로 읽을 수 있는 사람은 깨달음을 얻게 된다."라고 했어요.

어느 특정한 영역에서 성공한 사람들은 대부분 성공적인 판단의 80~90%를 직관에 의존한다고 해요. 세계적인 대기업의 탁월한 경영자들은 평상시에도 결정의 절반 정도만 논리적 분석을 통해 하고, 나머지 절반 정도는 직감에 의존한다네요. 하지만 그들이 세간의 이목을 끈 성공적인 결정들은 거의 80%가 직관에 의한 결정이었대요.[9] 직관적인 감이 아이디어로 이어지고, 무형의 자산 속에서 유형

---

9  《2030년 부의 미래지도》, 최윤식 · 배동철 저, 지식노마드, 2009

의 자산을 만드는 것이겠죠.

**송이맘**  그게 어디 쉬운가요?

**민준맘**  스티브 잡스처럼 성공하는 것은 어려운 것이고, 마음의 직관을 따라가는 것은 위험한 것이겠죠?

**송이맘**  아무래도 직관이라는 것을 따르기에는 불안하죠. 예전부터 사업하는 사람에게는 딸 시집을 안 보낸다는 집이 많았잖아요. 불안정하고 불확실하니까요. 누구나 안정된 직업을 갖고, 편안하게 살고 싶어 하잖아요. 의사나 변호사가 되려고 하는 것, 공무원이나 대기업에 들어가려고 하는 것도 안정적이기 때문이 아닌가요?

**민준맘**  그러기 위해서는 어떻게 해야 할까요?

**송이맘**  공부를 열심히 하고, 좋은 대학에 가야죠.

**민준맘**  그런데 서울의 명문대도 취업률이 30% 정도라면 안정적인 건가요?

**송이맘**  네?

**민준맘**  20대 신입사원도 권고사직을 종용하는 대기업도 있다고 해요. 그런 직장을 목표로 성실하게 머릿속에 지식만 차곡차곡 쌓는 공부를 하는 것이 과연 미래를 준비하는 것일까요?

**송이맘**  최고 명문대도 취업률이 낮다면 그 이하는 어떻겠어요? 그럼 더 최고의 명문대로 가려고 할 것 아닌가요? 학력 인플레가 더 심해지겠네요.

**민준맘**  그런데 실제 전문대나 특성화 대학의 취업률이 꽤 높아요. 그래서 자신이 서울대생인 것을 숨기고 이력서를 쓰기도 하고, 전문대로 편입하는 대졸자나 취업 준비생도 늘고 있어요.

**송이맘**　설마요.

**민준맘**　그냥 포털 사이트에 대졸자 취업, 서울대 취업, 취업률 높은 학교라는 키워드를 쳐서 검색해 보세요.

**송이맘**　잠시만요.

**민준맘**　네, 천천히 보세요. 한 기사에서 명문대학교 재학, 높은 학점과 영어 점수 등 좋은 스펙을 지녔는데 왜 서류부터 떨어졌는지 도대체 이해할 수 없다는 부모의 이야기를 보았어요. 하지만 분명 그럴 만한 이유가 있겠죠. 국제금융기구에서 원하는 인재상은 한국과 달라요. 그들은 기구에 대한 관심과 열정 그리고 현장 경험이 많은 사람을 원하죠. 면접에서도 관련된 질문이 오갔다고 해요. 다양하고 포용적인 사고를 갖고 있는지, 업무와 맞는 경험이 있는지, 팀워크에는 문제가 없는지 등에 대해서 말이에요.

**송이맘**　'미래를 예측하는 가장 좋은 방법은 미래를 만들어 가는 겁니다.' 이 문구 어때요?

**민준맘**　이 문구는 어디서 보신 거예요?

**송이맘**　제가 아는 분의 카톡 문구였어요.

**민준맘**　주류는 미래를 만들어 나가는 사람이겠네요.

**송이맘**　그런 것 같아요.

**민준맘**　그러면 비주류는 트랜드를 따라가는 사람이라고도 할 수 있을까요?

**송이맘**　그럴 수도 있겠고, 트랜드를 인지하지 못할 수도 있을 것 같고요.

**민준맘**　네.

**송이맘**　요즘 화두가 되고 있는 흙수저와 금수저를 생각할 때마다 아무리 자식을 열성적으로 키우고 노력을 해도 넘을 수 없는 벽이 있다고 생각하면 너무 절망적이에요. 하지만 곰곰이 생각해 보면 스펙이나 학력이 전부가 아닐 수 있다는 생각이 들어요. 뭔가 그 사람이 지금 현재는 조금 부족함이 있다고 하더라도 앞으로 발전할 가능성이 무엇이며, 우리 회사나 우리 학교에 들어왔을 때 사람들과 잘 융합하여 더불어 살아갈 수 있는 사람인지 그렇지 않은지를 살피는 것 같아요. 그렇다면 지금 우리 아이들을 계속해서 전진만을 시킬 것인지 아니면 내실을 다지고 다른 사람들과 화합할 수 있는 사람으로 키워야 할지 깊이 고민해봐야겠어요.

## 송이맘의 생각

방학을 앞두고 많아지는 시간을 흘러보내게 될 것 같아서 방학특강 상담과 여러 학원에서 하는 설명회를 다녀왔다. 송이도 내년에는 중2가 되니까 공부도 많이 해야 할 것 같고, 둘째도 내년에는 4학년이 되니 예체능은 조금 줄이고 교과학원으로 돌렸다. 그러다 보니 방학 스케줄이 어디 마음 편하게 여행갈 시간도 없이 빡빡하게 짜여졌다. 나름 방학을 잘 활용한 것 같은 생각이 들어서 뿌듯해 하고 있었다.

그런데 민준맘과 색깔 수저에 대해 이야기를 하고 나니 내가 이렇게 하는 것이 잘 한 것인가 하는 생각이 든다. 아이들의 시간표를 다시 한 번 들여다보게 되었다.

서른두 번째 톡.

# 합리적인 삶은 무엇일까?

비합리적인 경쟁에서 나와 행복을 찾는 방법은 없나?

**송이맘**  학술대회는 잘 다녀오셨어요?

**민준맘**  해병대 캠프에 갔다가 죽다가 살아 돌아온 아이의 엄마를 만났어요. 죽음과 삶의 고비를 왔다 갔다 한 아이를 보고 모든 것을 하고픈 대로 두게 되었다며, 그 이후에 맘도 편해지고 아이도 자기 할 일을 알아서 하게 되었다고 하더라고요.

**송이맘**  저도 오늘 지인이 서울대생이 자살을 했는데 그 이유가 색깔 수저 때문이라는 기사를 보내줬어요.

**민준맘**  그래요?

**송이맘**  그러면서 "학원을 보내지 말고 그 돈을 모을까?"라고 묻더라고요.

**민준맘**  아!

**송이맘**  제가 하브루타를 할 때 선생님 말씀 중에서 지금까지 머릿속에 맴도는 게 있어요. 경제에 대해 말씀하셨던 부분인데 누구에게나 욕망이라는 것이 있는데 그것을 합리적인 방법으로 풀면 엄청나게 성공할 수 있지만 비합리적인 방법으로 풀면 범죄가 된다는 것이었어요. 이것은 교육에도 적용될 것 같아요. 어떻게 해야 할지는 명확히 잘 모르겠지만, 아이들의 욕구를 합리적인 방법에서 풀면 성장하지만 비합리적으로 풀면 문제가 발생한다고도 볼 수 있지 않을까요?

**민준맘** 네, 그러겠네요. 합리적인 방법이라는 것이 가치 있는 방법, 안목을 가지고 착한 동기로 풀면 엄청나게 성공하겠죠.

**송이맘** 그렇게 연결되는군요.

**민준맘** 그런데 예를 들어 아이들도 성공해서 잘 되고 싶고 친구보다 더 나은 삶을 살고 싶고 잘 된 사람을 보면 배 아프고 그런 것은 지극히 당연한 거예요.

**송이맘** 그런가요?

**민준맘** 하지만 비합리적인 경쟁과 비교 속에서 자신이 정작 합리적으로 뭘 해야 하는지 그것을 잃어버리게 되죠. 가치롭고 착한 동기를 가지고 시작했던 것 그리고 그러한 것을 더불어 해나가면 힘이 덜 들고 함께 성공할 수 있는 사실조차 잊어버리게 되고 말아요.

**송이맘** 씁쓸하네요.

**민준맘** 경쟁의 결과가 성취와 성공이라고 생각해서 결국 초심을 잃고 앞만 보고 달리게 되죠.

**송이맘** 그러고 보니 우리는 비합리적인 것에 익숙해져서 합리적이고 싶어도 무엇을 어떻게 해야 하는지 잘 모를 정도로 감각이 마비된 것 같네요.

**민준맘**  사업을 해서 돈을 벌면 돈이 불어나면서 행복감을 느끼기는 하겠죠. 하지만 자기가 좋아하는 요리, 게임 등으로 새로운 콘텐츠도 만들고 돈도 벌고 명예도 얻는다면 진정한 성공이고 합리적인 삶이 될 것 같아요. 그래서 나의 삶을 살아야 하는 것이죠. 그래야 진정한 친구도 얻고 오히려 더불어 살 수 있게 되는 것 같아요.

**송이맘**  그렇군요.

**민준맘**  왜냐하면 더불어 살더라도 자신의 존재는 그대로이니까요.

**송이맘**  내가 즐기는 것, 내가 좋아하는 것, 나를 찾고 나를 알아가고 하는 작업들이 모든 것의 기초가 되고 행복한 삶의 근본이 될 수 있겠네요.

**민준맘**  네. 그리고 무엇보다 내 선택에 따른 삶이니 만족감도 크겠죠.

**송이맘**  계속 교육에서의 합리적인 방법은 무엇일까를 고민했는데 이제야 이해가 되네요.

## 송이맘의 생각

내가 아이들을 키워오면서 간과했던 것들이 있었다는 사실을 오늘의 대화를 통해서 알게 되었다. 우리 준우는 요즘 마술하는 것에 빠져서 하루에 많은 시간을 마술 dvd를 보면서 연습하고 자기가 연습하는 장면을 아이패드로 촬영해서 돌려보고 무엇이 어색한지 고민해서 다시 연습하는 것을 반복한다. 그것을 보고 있으면 '수학 문제를 한 문제라도 더 풀지……' 하는 생각이 든다. 그리고 남들은 방학이라서 선행학원을 다니면서 학구열에 불타 있는데, 우리 아들만 뭐하는 건가 싶어서 답답했다.

그런데 이렇게 준우가 즐기는 것, 좋아하는것, 그것을 통해서 자신을 찾고 알아가는 시간들이 모든 것의 기초가 되고 행복한 삶의 근본이 될 수 있다는 것이고, 그것을 통해서 다른 사람에게 도움을 줄 수 있는 합리적인 삶을 살게 되는 근본이 될 수 있다니, 놀랍다. 나의 얕은 생각이 우리 준우의 열정에 찬물을 끼얹은 건 아닐까 걱정이 된다.

오늘이라도 아들이 내 앞에서 마술쇼를 보여 줄 때 열과 성을 다해 박수를 쳐주어야겠다.

서른세 번째 톡.

# 가치교육은 어떻게 해야 하나?

다시 본질로 돌아가 진정한 가치교육을 시작할 수 있다!

**송이맘**  신기한 건 제가 궁금했던 것들의 답을 찾다보면 계속 하나로 연결된 다는 느낌이 들어요. 어떻게 뻗어나가도 답은 하나인 것이죠.

**민준맘**  그게 무엇인가요?

**송이맘**  첫째로는 내가 좋아하는 것을 찾고 그것이 유의미한 경험을 통해 성 장하게 되면 누군가에게 도움을 주게 되고, 선한 동기로 확장시키다 보면 우리가 흔히 생각하는 성공이라는 것이 덤으로 온다는 것이죠.

**민준맘**  맞아요. 결국 그 안에서의 공통점은 무엇일까요?

**송이맘**  내가 좋아하는 일, 즐거워하는 일에 흠뻑 빠져든다는 것 같아요.

**민준맘**  그렇죠. 판단 기준은 나이고 나를 위한 시간들이죠.

**송이맘**  이게 제가 우리의 대화 속에서 찾아낸 답이에요.

**민준맘**  '나는 생각한다. 고로 존재한다.'에서 결국 '나'라는 존재를 잃어버리 지 않고 내 존재를 살리는 방향, 그래서 말씀하신대로 내가 좋아하

187

는 일, 내가 즐거워하는 일에 내가 빠져드는 상황이 행복한 삶이고, 그것이 교육이 목적이라고 생각해요.

**송이맘** 어떤 질문을 하더라도 답은 계속 처음으로 돌아가서 같은 답이 반복되는 것 같아요. 변화라는 것도 교육을 통해 내가 변화되는 것이겠죠. 내 생각이 바뀌고 행동이 바뀌고 인생이 바뀌는 과정에서 그 주체는 분명 나라는 존재여야 하고요.

**민준맘** 네. 그래서 그냥 놔두면 내 삶을 살고 행복한 나를 만나고 내가 산출물을 만든 것으로 남도 도울 수 있죠. 그렇다면 교육은 어떤 차원에서 필요할까요?

**송이맘** 음, 내가 좋아하는 것을 유의미한 경험을 통해 만나게 해주는 데 있어서 필요한 것 같아요. 또 그것을 더 나은 방향으로 성장시켜주기 위해서도요.

**민준맘** 플라톤은 '진정한 교육이란 우리의 세계관을 변화시키는 것이며 동굴 안의 세계에서 동굴 밖의 세계로 고개를 돌리게 하는 것'이라고 했어요. 결국 바른 방향을 설정할 수 있도록 돕기 위해서 필요한 것 같아요.

**송이맘** 방향 설정이군요.

**민준맘** 가치교육! 가치 형성을 위한 교육이겠죠.

**송이맘** 그렇네요.

**민준맘** 어떻게 하면 가장 합리적인 가치교육이 될까요?

**송이맘** 가치교육은 일찍 시작하는 것이 좋고 주입식으로 하기보다는 하브루타 방식으로 하는 것이 좋을 것 같아요. 토론이나 하브루타의 장점은 형식에 얽매이지 않는 질문을 통해 질문이 꼬리에 꼬리를 물고 이어져서 자신이 스스로 답을 찾고 또다시 토론하는 과정을 반복하게 되는 것이죠.

**민준맘** 그런데 문득 답을 찾는 과정에서 바른 길을 인도하는 랍비가 있을 수 있고 사이비 랍비도 있을 수 있다는 생각이 들어요. 그리고 자신의 가치관이 형성되기 전이라면 스스로 답을 찾는 과정에서 혼란스럽거나 과정에서 포기하게 될 수도 있지 않을까 하는 걱정도 돼요.

**송이맘** 그럴 수도 있네요. 교육에 있어서 가치 형성도 제대로 안 된 사람에게 이야기를 들으면서 그것이 교육이라 생각하게 되는 사람도 있을 수 있죠.

**민준맘** 지금은 지식을 주입하기 위한 교육으로 목적이 변질되었기 때문에 해결 불가능한 많은 문제가 발생했다는 생각이 들어요. 본질을 잃어버렸으니까요. 그래서 다시 본질로 돌아가야 한다고 생각해요.

**송이맘** 정말 고개가 절로 끄덕여지네요.

**민준맘** 우리의 이야기가 사람들에게 긍정적인 해답을 줄 수 있으면 좋겠어요.

**송이맘** 그러게요.

## 송이맘의 생각

민준맘과의 대화를 통해 교육의 목적을 정리해 보았다. 첫 번째는 본인이 좋아하는 것을 찾는 것이고, 두 번째는 유의미한 경험을 통해 성장하는 것이다. 그러다 보면 누군가에게 도움을 주게 된다고 한다. 그 과정에서 선한 동기를 통해 창의적으로 산출할 수 있는 능력이 생기고 이것을 확장시키다 보면 우리가 흔히 생각하는 성공이라는 것이 덤으로 온다는 것을 알게 되었다. 그런데 여기에서 중요한 것은 좋아하는 일, 즐거워하는 일에 흠뻑 빠져들어야 한다는 것이다. 그래야만 자신의 모든 면에 있어서 변화하는 경험을 하게 되기 때문이다. 우리 아이들이 흠뻑 빠져들고 있는 일이 과연 무엇인지 살피는 시간을 가져봐야겠다.

서른네 번째 톡.

# 좋아하면 행복해질 수 있는가?

더불어 사는 존재로서 함께 나누며 살아야 행복해진다!

**송이맘** 선교사들은 오지에서 선교할 때 그 부족과 하나되어 '너희는 완전히 우리 편이다.'라고 인식되고 나서야 복음을 전한대요. 그들은 우선 뭔가 적대를 피하려고 하기보다는 좋은 것을 전해주기 위해 '나는 너희들과 하나이다. 너희를 사랑한다.'라는 메시지를 충분히 보여 준다고 해요. 그 다음에 신뢰를 얻게 된 후에 종교적인 이야기를 꺼내면 그 부족 자체가 다 회심하는 경우가 생긴다고 해요. 뭔가 같은 맥락일 것 같은 생각에 번뜩 떠올랐어요.

**민준맘** 그렇네요. 선교사들이 선교를 하는 목적은 무엇일까요?

**송이맘** 그들은 복음에 가치를 두기 때문이겠죠.

**민준맘** 복음에서 선교하라고 하나요?

**송이맘** 복음에서는 예수 그리스도의 구원 사역을 전파하라고 하죠. 그 마음을 품고 남들이 가지 않는 오지로 가고 싶다는 소망을 가지게 되면 위험을 감수하더라도 가는 것 같아요. 저도 해보지는 않았지만요.

**민준맘**  그런데 선교를 하면서 그들은 무엇을 얻게 될까요?

**송이맘**  선교사들을 보면 복음을 전하고 그들이 복음을 받아들여서 삶이 변화되는 것을 보며 기쁨과 감사를 느끼더라고요.

**민준맘**  그리고 그렇게 다른 사람들의 삶을 변화시키는 것으로 자신의 존재 가치를 새삼 깨달으며 스스로 감동하고 행복해할 것 같아요. 위험을 감수하고 다시 동굴로 들어간 사람, 그들이 찾으려는 것은 결국 무엇일까요?

**송이맘**  좋은 것을 알고 보았기 때문에 그것을 알지 못하는 사람에게도 알려주어서 함께 행복한 삶을 누리려는 것이 아닐까 싶어요.

**민준맘**  네, 그렇네요.

**송이맘**  그런데 신기하게도 교육을 이야기하는데 종교, 경제, 사회, 가치 철학 같은 것들이 다 연결되네요.

**민준맘**  다 사람과 관련된 일이니까요. 그런데 문득 아름다운 세계 속에서 그들이 다시 동굴로 들어온 동기가 무엇일까 궁금해졌어요. 선교사들이 위험을 무릅쓰고 오지로 선교 다니는 동기, 행동의 동기 말이에요.

**송이맘**  사람은 더불어 사는 존재로 만들어져서 내가 좋은 것을 알고 보았을 때 혼자만 간직하게 되지 않는 것 같아요. 사람들이 좋은 물건을 사면 그것을 혼자만 쓰는 게 아니라 구전광고를 하잖아요. 누가 시키는 것도 아니고 돈을 받는 것도 아니지만 저는 그것이 본능인 것 같다는 생각이 들어요.

**민준맘**  네, 맞아요.

## 송이맘의 생각

송이가 중학교에 올라가면서 담임선생님으로부터 '아이가 어떤 사람이 되기를 원하십니까?'라는 질문을 받은 적이 있다. 그때 나는 아이가 원하는 일을 하면서 행복하게 사는 사람이 되었으면 좋겠다고 대답했다. 어떻게 보면 뜬구름 잡는 이야기일 수 있겠지만, 부모는 아이가 행복하게 살기를 바라는 마음에서 다양한 방법 중 교육에 올인하는 것이 아닌가 싶다. 하지만 나중의 행복을 위해 당장의 행복은 잠시 뒤로 미뤄두어야 할까?

우리 아이들의 현재 모습을 보면 행복에 잠겨 열정적으로 살아가는 것이 아니라 항상 하기 싫은 것을 억지로 해야만 다가올 행복을 준비할 수 있다고 믿어서 거의 의욕상실된 수준의 삶을 살아가는 것 같다. 민준맘과 잠시 어려운 환경인 것을 뻔히 알면서 오지로 선교를 위해 떠나는 선교사들의 이야기로 행복에 대한 이야기를 나누었다. 그들은 삶의 가치를 복음에 두기 때문에 그렇게 어렵고 힘든 상황 속에서도 나름의 행복을 느끼면서 살아가는 것이 아닐까 하는 생각을 해보았다. 내 자녀들이 좋은 환경 속에서만 행복감을 느끼는 것이 아니라 어떠한 환경에서도 행복하게 살아 주었으면 좋겠다.

서른다섯 번째 톡.

# 엄마가 행복해야 아이도 행복하다!

엄마의 존재가치를 먼저 바로 세워라!

**민준맘** 문득 제게 먼저 교육의 목적을 물어보신 이유가 궁금해졌어요. 인터넷도 있고 책도 있잖아요. 다시 또 처음으로 돌아가게 되나요?

**송이맘** 음. 예전이라면 책을 읽을 때 그냥 그 사람의 생각이 맞는지 틀리는지조차 생각하지 않고 읽었을 텐데, 계속 질문을 던지면서 읽으니 《학교혁명》의 저자 말고 다른 사람들은 교육의 목적을 뭐라고 말하는지가 궁금해졌어요.

**민준맘** 생각의 전환점이 생긴 계기가 있었군요.

**송이맘** 저에게는 그것이 하브루타 방식이었어요.

**민준맘** 네, 유의미한 경험이네요.

**송이맘** 네, 그런 듯해요.

**민준맘** 그것의 반복이 교육이고 선생님은 어떤 것이 학생에게 계기가 될지 모르니 다양한 기회와 경험을 주는 매개체가 되어 확고하고 안정된 가치를 갖도록 해주죠. 학생은 그것을 받아들이고 성장해야 해요. 그리고 그 몫을 분명히 인정해 주는 것이 존재를 인정해 주는 것이고 생각하는 존재로 살아갈 수 있게 해 주죠.

**송이맘** 그런데 가르친다는 개념에서 우리나라는 주체를 학생에게 두는 것이 아니라 교사에게 두고 있어요.

**민준맘** 교육을 가르칠 교(敎), 기를 육(育)으로 정의했으니까요. 교사를 지식 전달의 주체로 규정했거든요.

**송이맘** 그럼 지식의 전달을 어떻게 보아야 할까요? 지금 교육의 문제가 주입만 시켜서 그런 것인가 싶어서 주입과 전달이라는 용어에 의문이 생기네요. 주입은 일방통행 같잖아요.

**민준맘** 지식의 양으로 학생을 평가하게 만들었으니까요.

**송이맘** 전달은 상호작용 같은데, 혼란이 오네요.

**민준맘** 지식의 양으로 학생의 존재를 규정 짓고 부모의 능력으로 금수저와 흙수저로 나뉘었죠. 주객이 전도된 거예요. 존재는 스스로 생각해야 하는데 남이 대신 생각해 주고 그것을 이해하라는 방식으로 학습하는 습관이 형성되어 공동의 이해를 전제로 주류가 생기고 다른 생각을 하면 아웃사이더가 되는 것이죠. 그럼 외롭고 비주류같잖아요. 서울대생이 비관자살을 한 이유를 보고 교육의 문제가 갈 데까지 갔다는 생각이 들었어요. 이제는 세상의 주류라고 생각했던 최상위권의 아이들조차 세상에서 자신의 존재를 찾지 못하고 있으니까요.

**송이맘** 성적과 등수에 집착하면서 가르친다는 것은 지식 전달에 불과한 것이 되고 말았죠.

**민준맘**  그리고 부모들은 금수저가 아니라는 죄책감에 빠질 수도 있겠고요.

**송이맘**  그럼 기른다는 것은 무엇일까요?

**민준맘**  이전까지 사회에서는 환경적으로 인재상을 '지식인'으로 봤고 그것이 공동의 가치로 받아들여지기에 무리가 없었어요. 그런데 세상이 바뀌고 패러다임이 전환되어야 하는 시점이 되면서 '생각하는 사람'들의 가치가 돋보이게 되는 방향으로 다시 순환되고 있다고 생각해요. 언젠가 생각하는 사람들이 생각을 정리해 놓은 것을 지식으로 받아들여도 되는 시대도 올 거예요. 역사는 반복되니까요.

**송이맘**  그럼 올바른 가치를 형성하도록 돕고 방향을 잃지 않도록 하는 것이 기르는 것이라고 봐도 되는 건가요?

**민준맘**  올바른 가치를 형성하도록 돕고 방향을 잃지 않도록 돕는 것이 진정한 성장을 위한 교육의 목적이겠네요.

**송이맘**  그렇네요.

**민준맘**  어쩌면 우리는 트렌드를 따라가면서 그것에 맞추는 것이 교육이라고 생각하고 있었는지도 몰라요. 다행히도 그게 아니라는 것을 조금씩 알아가는 시점에 오게 된 것 같네요. 그 이유는 그런 교육으로 해결 안 되는 문제들이 생겨났기 때문인 듯해요.

**송이맘**  그 해결 안 되고 안 풀리는 궁금증을 끊임없이 생각하다 보니 여기까지 왔네요.

**민준맘**  해결이 되면 궁금증은 사라질 거예요. 하지만 새로운 궁금증이 생기겠죠.

**송이맘**  그러니까요. 그리고 제가 다른 엄마들과 이야기하면서 우리가 나눈 이야기를 대화 속에 섞어서 말하니 다들 재미있대요.

**민준맘**  그렇다면 다행이고요.

**송이맘**  그리고 생각을 하게 된대요. 집에 돌아가면 여운이 남는다고 하더라 고요.

**민준맘**  과찬의 말씀이세요. 저는 제 이야기를 들어주고 시간을 내준 사람에 게 고마워서 최선을 다해 알고 있는 것을 설명해주고 같이 답을 찾 기 위해 고민하는 것뿐이에요. 매번 내가 뭐가 부족했는지 고민하고 반성하다가 다음에는 이렇게 하는 게 낫겠다고 하면서 혼자 생각하 고 또 답을 찾기도 해요.

**송이맘**  저는 이 대화를 통해 새로운 눈을 갖게 되었어요.

**민준맘**  그래요? 마음도 편해지고 원인을 생각해 보게 되지 않나요?

**송이맘**  교육의 목적에 대한 부분을 정리하면서 이제는 다음 단계로 넘어간 느낌이에요. 저는 학자들과 연결시키는 것이 무척 재미있었어요.

**민준맘**  정말 끝도 없이 이야기를 할 수 있다니 신기하네요. 네, 연결은 사실 자신과 관련 있는 생각들로 이어지는 것 같아요. 송이맘과 이야기를 하고 나서 다른 사람의 궁금증과 생각을 알고 싶어졌어요.

**송이맘**  그런 것을 말해주는 책을 써보세요. 독자들은 늘 속 시원한 해답도 없고, 이렇다 할 해답을 찾지 못해서 이 책 저 책을 뒤져보거든요

**민준맘**  아, 그런가요?

**송이맘**  저는 이번에야 그것을 알게 되었어요. 내가 끊임없이 독서를 할 수 밖에 없었던 이유를 말이에요.

**민준맘**  꼬리에 꼬리를 무는 질문에 대한 답을 찾기 위해 독서를 하게 되셨

군요.

**송이맘**  맞아요. 사실 제가 생각하는 것들의 답을 찾지 못해서 헤맨 건데 그 게 다독하는 사람처럼 보이는 거죠. 그런데 민준맘과 대화를 나누고 나서는 자꾸만 질문을 하면서 책을 읽으니 신기하게도 그 책에 원하 는 답이 없어도 나름의 답을 발견하는 되는 것 같아요. 더욱 재미있 는 건 그 학자들의 이론과 연관지어 생각하게 된다는 거예요.

**민준맘**  그게 지식의 구조화죠.

**송이맘**  그간에 많은 독서로도 되지 않았던 구조화가 질문과 대화를 통해서 된 것 같아요. 짧은 시간 안에요. 저의 이런 현상도 학문적으로 단계 를 설명할 수 있을 것 같아요.

**민준맘**  그러게요. 문득 송이맘과의 대화를 통해서 저도 그간의 고민들을 꺼 내보게 되었어요. '교육에 대한 고민의 시작이 언제였는가?' 하는 것 말이죠. 제가 정말 감사합니다.

**송이맘**  질문이 서로에게 득이 되었네요.

**민준맘**  서로를 성장시킨 것이죠. 좋은 교육의 방법이에요.

**송이맘**  그렇네요. 사람은 각자 다르기 때문에 같은 일을 겪으면서도 성장하 는 속도와 방향, 단계가 모두 개인 맞춤인 듯해요. 이것이 진정한 평 등이 아닐까요?

**민준맘**  진정한 교육의 평등이네요.

**송이맘**  네, 그런 것이요.

**민준맘**  《세계 교육사》라는 책에 보면 교육의 평등을 위해서 학교가 만들어 지는데, 산업혁명으로 발생한 지식과 문명을 학생들에게 전하기 위한 가장 효율적인 시스템이며 귀족들의 가정교육에 비해 형편이 어려운 서민과 농민의 교육이 학교라는 곳을 통해 정책적으로 평등하게 부여되었고, 이것은 당시에는 혁신적인 모델이었죠. 지식노동자를 형성하고 그들이 일을 하기에 적합한 시스템인 거예요. 그렇지만 세상이 변하고 있고 다시 순환되는 것 같아요. 개개인으로 해체되었다가 다시 모이고 다시 해체되고 있죠. 지금은 해체의 순서예요.

**송이맘** 이런 이야기들이 《학교혁명》에 나오더라고요. 이렇게 보니 교육이 획일화가 될 수밖에 없었던 배경인 것 같아요.

**민준맘** 그게 당시에는 정상과학이었어요. 정상과학이란, 토마스 쿤의 《과학혁명의 구조》에 등장하는 이론인데 '적용했을 때 문제가 없는 상태'이죠.

**송이맘** 시간이 흐르면서 변화에 적응하지 못한 교육이 변화된 사회 속에서 문제로 인식되는 것이 당연하다는 생각이 들었어요. 그리고 정상과학이 그런 뜻이었군요.

**민준맘** 영구적인 해결책은 철학에만 있을 수도 있어요. 시대를 초월하는 영속성이요. 그게 철학인 것 같은데, 지금의 우리는 학습법과 효율성에만 포커스를 맞춰서 교육이라고 불렀던 것이죠.

**송이맘** 그렇군요. 《생각의 탄생》을 보니 학문이라는 것 자체는 모든 게 통하는 것 같더라고요.

**민준맘** 네, 어차피 사람의 삶에 대한 것이니까요.

**송이맘** 그런데 제가 이렇게 어려운 이야기들이 쉽게 느껴지는 이유는 선생님의 역량이라고 할 수 있을까요? 아니면 학생 개인의 역량이라고 할 수 있을까요? 갑자기 궁금하네요. 깊이가 있고 어려운 내용들인데 재미있고 신나고 쉽게 느껴져요.

**민준맘**　송이맘과 연관되는 문제라서 그런 게 아닐까요?

**송이맘**　그렇게 볼 수 있나요?

**민준맘**　대표적으로 플라톤은 좋은 스승과 제자를 만났으니 성장하기 가장 좋은 환경이었죠. 좋은 스승을 통해서 많은 것을 배우고, 토론하며 깨달음을 얻었고, 좋은 제자의 질문을 통해 자신의 머릿속에서 한 번 더 정리하고, 이해하여 제자를 가르치다 보니 좀 더 쉬운 비유를 찾게 되었을 것이고, 그런 과정을 모두 책으로 기록하게 되었을 거에요.

**송이맘**　재미있네요. 제가 이번에 자기결정성에 대한 이야기를 나누면서 남편이 이해가 되더라고요.

**민준맘**　그렇게 사람을 이해하는 것, 그 사람의 내면과 성장을 들여다보는 것이 교육의 시작이에요.

**송이맘**　교육이 정말 우주와 같이 넓고 크다는 생각을 했어요. 모든 것을 포함하니까요.

**민준맘**　제가 전에 말씀 드린 적이 있는지 모르겠어요. 제가 교육학을 공부하면서 궁극적인 제 개인의 자아실현 목표에 대해서요.

**송이맘**　못 들은 것 같아요

**민준맘**　소크라테스가 되는 거라고요.

**송이맘**　소크라테스가 된다는 것은 무슨 뜻인가요?

**민준맘**　누가 어떤 질문을 하든 질문한 학생이 스스로 답을 찾도록 성장할 수 있는 질문을 계속 주고, 결국 질문한 학생의 입에서 답이 스스로 나오도록 발문하는 존재가 되는 거예요, 변증법이죠. 아직 더 연마해야 하지만요.

**송이맘** 아, 이 정도면 목표를 이루신 것 같은데요?

**민준맘** 아니에요. 아직 멀었어요. 문득 제 입에서 답이 나오고 설명하기도 하잖아요. 수련이 더 필요해요.

**송이맘** 그런데 때로는 전혀 감을 잡지 못하는 학생에게 어떻게 해야 하나요? 그래도 답을 알려 주지 않고 계속 질문을 통해서 답을 스스로 찾게 해야 하나요?

**민준맘** 그 학생이 가진 생각의 시작 단계에서 출발해야 해요. 그래야 동기가 부여되고 몰입이 가능하죠.

**송이맘** 그렇군요.

**민준맘** 그 학생의 경험과 연결하여 비유적으로 설명해 주어야죠.

**송이맘** 스승이 되는 길은 어렵네요.

**민준맘** 네, 사람을 이해하는 것이 진정한 스승이죠. 우리 대화의 핵심은 존재론이네요.

**송이맘** 그렇군요. 오늘 엄마들과 상담하면서 이야기 나눈 것들은 대략 정리해 보니 엄마들의 고민이 무엇인지 알 것 같아요. 《학교혁명》도 그렇고 여기저기 교육 강연을 다니다 보면 현재의 교육 문제점들을 이야기하면서 제시하는 대안이 너무 이상적이어서 그것이 과연 현실적인지에 대한 부분에 의문이 든대요. 제시된 대안이 너무 좋아 보이기는 하는데 그것이 내 상황, 내 아이에게 맞는지를 고민하다 보면 그 대안 또한 획일적이라는 결론에 도달하게 된다고 해요.

**민준맘** 제가 아무리 생각해 봐도 엄마들이 제대로 받아들이고 회자될 수 있는 방법은 그들의 언어로 말해 주는 것인 것 같아요.

**송이맘** 맞아요. 그들의 언어! 지난번에 말씀하셨던 것처럼 질문을 통해 스스로 그것을 알아내고 답을 찾아내도록 하는 것이 포인트일 거예요. 빛의 양 조절은 필수이고요. 그들의 언어로 많은 사람을 한꺼번에 각자의 상황에 맞춰 생각에 빠져들게 만들어야죠.

**민준맘** 경험하고 느껴보지 않고서는 아무것도 안되겠네요.

**송이맘** 하지만 그 문제를 해결하기 위해서는 엄마들이 자기 자식을 이해하는 방향으로 바뀌어야 스스로 답을 찾을 수 있을 거라고 생각해요.

## 송이맘의 생각

나는 민준맘과의 대화를 통해 많은 변화가 있었다.

서점에서 '혁명'이라는 글자 하나만 보고 집어들었던 책 속에서 '교육'이라는 글자가 나의 눈에 들어왔고, 그렇다면 과연 교육의 목적이 무엇인지를 더 알고 싶어서 질문으로 시작했던 단순한 대화였다. 그런데 놀랍게도 나는 존재의 가치를 되돌아보면서 나 자신을 되돌아보게 되었다. 누구의 엄마, 누구의 아내가 아닌 '나'라는 인간 자체를 말이다. 아이가 좋아하는 것이 무엇인지, 잘 하는 것이 무엇인지, 아이가 행복한 삶을 살기 위해서는 어떻게 해야 하는지를 생각하다 보니 엄마인 '나'라는 존재가 본질임을 알게 되었다.

'나'의 존재로 시작해서 관계를 맺고 있는 남편의 존재, 부부로 시작해 이룬 가정 안에 속해 있는 아이들의 존재. 어쩌면 그동안은 나의 존재를 아이들을 잘 키우는 것으로, 또는 남편의 성공을 바라면서 내조하는 것으로 확인받으려고 하지 않았나 싶다. 다시 한 번 나의 존재와 나의 삶의 가치가 무엇인지 생각해 보는 시간이었다.